うっとりするほどかわいいドール服のレシピ

Doll Outfit Style

F4*gi

日本文芸社

はじめに

大人になると自分では着られないような
ドールライクなお洋服を作る楽しみ、
小さく可愛らしい世界を作る楽しみ、
そして何より自らの手で何かをクリエイトする
〈ハンドメイドする〉楽しみをお伝えできたらと思い
この本を作りました。
また単にお人形あそびという枠にとらわれず、
例えばシーズンやイベントによりお洋服を
小さなトルソーに着せかえて、
インテリアの一部としてお部屋に飾る楽しみや、
SNS写真の中で季節感を出す小道具として使う楽しみなど、
そんな様々なご提案にもなれば幸いです。
幼い頃、きっとたくさんの方が慣れ親しんだお人形あそび。
戻れるはずはなくてもそれは純粋で愛おしく
素敵な思い出のトキメキ時間。
形を変えて今…また私達と一緒に…
そんなトキメキの時間旅行にお出かけしませんか？
今回、こちらの本をお手にとってくださいましたすべての皆様と、
私共F4*gi(ふしぎ)にこのような機会をくださり、
ご協力くださいましたすべての方々に心より感謝申し上げます。

F4*gi

CONTENTS

Spring

p.06 Easter

Fairy Tale Bustier
Pink Drawers
Tulle Pannier

p.08 Picnic

Lace Stand-Up Collar Blouse
Frill Salopette Pants
Fancy Stick Pony

p.10 Cooking

Girlish Puff Sleeve Dress
Lovely Retro Apron
Kitchen Mitten

Summer

p.12 Alice World

Standard Alice Dress
White Lace Apron
White Drawers
Knee High Socks

p.14 Garden Party

Panel Line Dress

BASIC LESSON 26
　基本の道具............ 26
　ミシンについて 27
　型紙の使い方........... 28
　型紙の写し方........... 30
　基本の作業............ 32
　材料について........... 34

Standard Alice Dress 36
White Lace Apron 42
Fairy Tale Bustier 45
White Drawers 48
Knee High Socks 50
Frill Salopette Pants 52
Shiny Balloon Dress 56

HOW TO MAKE
AND PATTERN.......... 61
　材料と作り方........... 62
　実物大型紙............ 85

AUTUMN

p.16 HALLOWEEN

p.18 NIGHT TIME

Decorative Black Dress
Lace Maxi Skirt

Sweet Lacy Nightie
Night Cap

WINTER

p.20 SHOPPING

p.22 THEATER

p.24 CHRISTMAS

Romantic Wool Loop Coat
Paper Bag

Classical Off Shoulder Dress
Knee High Socks

Shiny Balloon Dress
Corsage

Spring

SPRING

EASTER

Fairy Tale Bustier（妖精のビスチェ）　▶ 作り方 p.45　型紙 p.85
バスト部分は、小さなピースをつないで立体的なイメージに。パステルカラーでまとめて、ロマンチックに仕上げました。

Pink Drawers（ピンクドロワーズ）　▶ 作り方 p.63　型紙 p.85
p.13の「White Drawers」よりショートタイプの下着で、パニエからは見えないようになっています。

Tulle Pannier（チュールパニエ）　▶ 作り方 p.62
チュールを6枚重ねた、ボリュームたっぷりのチュチュみたいなパニエ。ビスチェと組み合わせるとビスチェドレスになります。

07

SPRING

PICNIC

Lace Stand-Up Collar Blouse（レースカラーブラウス）　▶ 作り方 p.67　型紙 p.86
レースをスタンドカラーに見立てた、パフスリーブのブラウス。ショート丈なので、パンツにすっきり納まります。

Frill Salopette Pants（フリルサロペットパンツ）　▶ 作り方 p.52　型紙 p.95
ショルダーについた、大きめのフリルがポイント。レースなどの装飾がなく、1種類の布だけで作ることができます。

Fancy Stick Pony（スティックポニー）　▶ 作り方 p.68　型紙 p.85
写真を撮るときや、部屋に飾るときに添えたい、おしゃれな雑貨です。レースやリボンで好みのデコレーションを楽しんで。

Cooking

Girlish Puff Sleeve Dress（パフスリーブドレス） ▶ 作り方 p.63 　型紙 p.86
シンプルなデザインのドレスは、布のプリント柄を楽しんで。真っ赤なえりが、全体のアクセントになっています。

Lovely Retro Apron（レトロエプロン） ▶ 作り方 p.64 　型紙 p.87
サイズ違いの2種類のギンガムチェックを組み合わせたエプロン。裾のカーブしたフリルで、レトロな雰囲気に。

Kitchen Mitten（キッチンミトン） ▶ 作り方 p.66 　型紙 p.87
エプロンと同じ布で作る、小さなミトンです。入れ口にちらりと見せた布やリボンも、赤一色でまとめました。

SUMMER

ALICE WORLD

Standard Alice Dress（アリスのドレス） ▶ 作り方 p.36　型紙 p.86
『不思議の国のアリス』をイメージしたドレス。エプロンとセットにすれば、まるで絵本の世界から抜け出したみたい。

White Lace Apron（レースエプロン） ▶ 作り方 p.42　型紙 p.88
アリスのドレスに合わせたときに、エプロンのすそのレースがドレスのフリルに重ならず、きれいに見える丈になっています。

White Drawers（ホワイトドロワーズ） ▶ 作り方 p.48　型紙 p.88
スカートの裾からちらりとレースが見える、クラッシックなおしゃれ下着です。色違い、布違いで何枚か作っておいても。

Knee High Socks（ニーハイソックス／ボーダー） ▶ 作り方 p.50　型紙 p.93
ニット地を中表にして縫い合わせるだけの、シンプルなデザイン。服に合わせて、色違いや柄違いでいくつもほしくなります。

SUMMER

Panel Line Dress

GARDEN PARTY

Panel Line Dress（パネルラインドレス）　▶ 作り方 p.70　型紙 p.89
5枚のパーツを縦に縫い合わせて、立体的なラインのドレスに。スカートのフレアも、自然にきれいなラインに広がります。

Autumn

AUTUMN

HALLOWEEN

Decorative Black Dress（ブラックドレス）　▶ 作り方 p.72　型紙 p.85
p.07「Fairy Tale Bustier」と同じ作りのビスチェドレスです。レースやリボンをふんだんに使って、華やかな雰囲気に。

Lace Maxi Skirt（マキシスカート）　▶ 作り方 p.74
布の上にチュールを合わせて、ハリとボリュームをアップ。「ブラックドレス」に重ねると、イブニングドレスになります。

Autumn

NIGHT TIME

Sweet Lacy Nightie（レースナイティー） ▶ 作り方 p.75　型紙 p.90, 91
薄手の柔らかい白い布に、淡い色のリボンを合わせたレースを重ねづけています。きっと、ロマンチックな夢が見られるはず。

Night Cap（ナイトキャップ） ▶ 作り方 p.78
丸くカットした布にゴムを通すだけで、簡単に作れます。パジャマとおそろいのレースやリボンを使ってセットに。

WINTER

WINTER

SHOPPING

Romantic Wool Loop Coat（ウールコート）　▶ 作り方 p.80　型紙 p.92
ふわふわのウール地で作る、Aラインのコートです。えりの裏側や身ごろの内側にレース地を合わせて、ガーリーな雰囲気に。

Paper Bag（紙袋）　▶ 作り方 p.79
市販の紙以外にも、好みの柄やマークなどをプリントした紙を使えば、簡単にオリジナルブランドの紙袋が作れます。

THEATER

Classical Off Shoulder Dress（オフショルダードレス）　▶ 作り方 p.82　型紙 p.93
3種類の黒い布を組み合わせたシックなドレス。スカート部分にハリのある布を使うと、1枚でもふんわりしたラインが出ます。

Knee High Socks（ニーハイソックス／ホワイト）　▶ 作り方 p.84　型紙 p.93
口にレースをあしらって、よそ行き感を出しました。色は、ドレスに合わせてお好みでセレクトして楽しみましょう。

WINTER

CHRISTMAS

Shiny Balloon Dress（バルーンドレス）　▶ 作り方 p.56　型紙 p.94
スカートの上下にギャザーを寄せて、ふんわりしたシルエットのドレスに仕立てました。サテン＋チュールでゴージャスに。

Corsage（コサージュ）　▶ 作り方 p.84
レース、リボン、造花などを好みで重ね合わせて作るコサージュは、ドレスと同色の素材を1つ使ってセット感を出しましょう。

BASIC LESSON

基本の道具

ドールの服や小物作りに必要な、基本の道具を紹介します。
普段使っている裁縫道具以外に、小さな作品作りにあると便利な道具なので、
必要に応じてそろえてください。

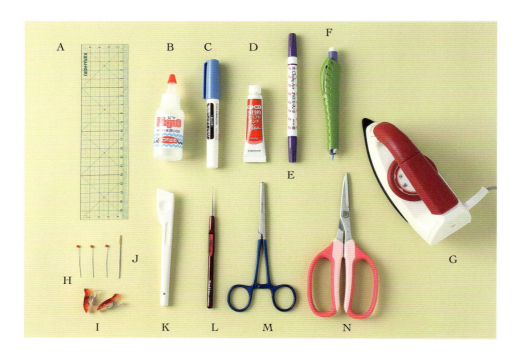

A 定規
型紙のない作品の直線を引いたり、寸法を測って確認するときなどに使用。手芸用の薄手の方眼定規が便利。

B ほつれ止め液
裁断面につけるだけで、布やリボンなどのほつれ止めになる。作品が小さいと縫い代が狭いので、縫い代の始末にはジグザグミシンやロックミシンは使用しない。

C 手芸用のり
小さな部分は、まち針のかわりにのりで仮止めしておくと縫いやすい。スティックタイプが使いやすくて便利。

D 手芸用ボンド
服以外の小物の作品のレースや飾り用の小さなパーツなどは、縫わずに貼るだけでもOK。布、プラスチック、金属など様々な素材に使えるものがよい。

E ペン型チャコ　F チャコペンシル
布に型紙を写したり、印をつけたりするときに使う。ペン型チャコは、水で消えるタイプか時間が経つと消えるタイプで、できるだけ細い線が描けるものを選ぶ。チャコペンシルは、芯を尖らせれば常に細い線が描けるので便利。

G アイロン
作業前の布のシワを取って布目を整えたり、作品の仕上げに形を整えるのに使う。小さめのサイズがあるとよい。

H まち針　I 手芸用クリップ
まち針は、できるだけ針の細いものを選ぶと、小さくカットしたパーツどうしをとめやすい。重なって厚みのある部分をとめるときには、手芸用クリップを使っても。

J とじ針
ドール服のウエスト部分にゴムを通すときに使う。普通のゴム通しより、細い部分に通すことができるので便利。

K シームオープナー
布に折り筋をつけたり、縫い代を折ったりするときに、アイロン代わりに使う。和裁でよく使われる裁縫用のへらでもよい。

L 目打ち
縫い合わせたパーツを表に返したときに、角をきれいに出すことができる。ドールの服には、極細タイプがおすすめ。ミシンがけの際に、布を押さえるのにも使う。

M 手芸用鉗子（かんし）
細長いパーツや、小さなパーツを表に返すときにあると便利。先端が尖っていないので、布にキズをつけずに、しっかりとつかむことができる。

N 手芸用はさみ
小さいパーツも切りやすいよう、できるだけコンパクトなタイプを選ぶとよい。

BASIC LESSON

ミシンについて

ミシンでも手縫いでも作ることができますが、ミシンのほうが手軽に作業ができます。
お手持ちのミシンを使う場合は、押え金や針板などの選び方で、
より縫いやすく、きれいに仕上がります。ぜひ、参考にしてください。
手縫いで作る場合は、細かい針目のぐし縫いをします。

○ミシンの選び方

普通の家庭用ミシンでも縫うことができますが、パワーと耐久性に優れた職業用ミシンもおすすめです。職業用ミシンは直線縫いに特化しているため、縫い目もきれいです。また、職業用ミシン押え金には5mm押え（写真左）や1mm押え（写真右）などがあるので、より正確にきれいに縫うことができます。新しくミシンを購入する際には、検討してみてもよいでしょう。

職業用ミシン押え金
SUISEI　スプリングガイド押え金

家庭用ミシンを使う場合は…

● 押え金

直線縫い用の押え金でも縫えますが、アップリケ縫いなどに使う「オープン押え」がおすすめ。「オープン押え」は、押えの手前が大きく開いているので、でき上がり線が見やすく、カーブなども線に沿ってきれいに縫うことができます。

● 針板

ジグザグミシンの標準針板（写真左）よりも直線用針板（写真右）のほうが、針が落ちる部分の穴が小さいため、薄手の布や小さなパーツを縫ったときの沈みが少なく、針のブレも少なくなります。針板は、簡単に交換することができます。

● ミシン糸

ミシン糸は、薄地用の80番か90番のポリエステル糸を使います。色は、布地に合わせて目立たない色を選びましょう。

● 縫い目の長さについて

基本は、針目を1.4〜1.6mmに設定して縫います（写真左）。縫い始めと縫い終わりは、必ず返し縫いをしましょう。ギャザー部分は、あまり縫い目が細かいとギャザーが寄せにくいので、2.5mmに設定して縫います（写真右）。上糸を引いてギャザーを寄せるので返し縫いはせず、縫い始めと縫い終わりの糸は少し長めに残しておきます。

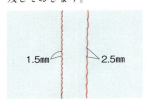

● ミシン針

ミシン針は、号数が小さいほど細く、大きいほど太くなり、布の厚さに合わせて選びます。薄手から普通の厚さの布であれば9番、やや厚手の布の場合は11番を使用しましょう。

● 糸調子について

ミシンで縫ったときに、上糸と下糸の引っ張り合う加減を糸調子といいます。上糸、または下糸のどちらか一方が強すぎると、縫い目が乱れて布が引きつれた状態になります。どちらも均等になるように調整して、表側も裏側もきれいな縫い目になるようにしましょう。縫う布を替えたときには、必ず余った布で試し縫いをしてから本番縫いをするようにしてください。

型紙の使い方

p.85から掲載されている型紙について紹介します。
ドールに合った型紙を選び、正しい使い方をマスターしましょう。

○ 型紙の選び方

型紙はS（20cm）、M（22cm）、L（27cm）ドールサイズで展開しています。右の表を参照して、自分のドールに合ったサイズを選びましょう。微妙なバストサイズやウエストサイズの違いは、スナップボタンのつけ位置やゴムの長さで調整できます。

型紙のサイズ	ドールの種類
S	ミディブライス、おでこちゃん など
M	ネオブライス、リカちゃん など
L	ジェニー、momoco など

○ 型紙のマークの見方

● **作品名の略称**

切り離してしまった後でも、どの作品の型紙かがわかる。

● **パーツの名称と枚数**

サイズと、どの部分の型紙なのかを示すパーツの名前と、必要な枚数。型紙は1枚あればよいが、布に指定の枚数分、型紙を写して裁つ。

● **「わ」の印**

型紙の「わ」のマークの辺を中心に、左右対称に布を裁つ（「わ」の型紙の写し方はp.31参照）。

● **布目の方向**

矢印の方向を、布目の縦方向に合わせて型紙を置く。

● **縫い代線**

でき上がり線より0.5cm外側に引かれている。この線に沿って、布を裁つ。縫い代にジグザグミシンやロックミシンはかけないので、必ずほつれ止め液をつけておく（p.32「ほつれ止めの処理をする」参照）。

● **でき上がり線**

実際にミシンで縫う線。布を縫い合わせるときは、それぞれの布のでき上がり線をぴったり合わせて重ねる（縫い合わせ方の基本はp.32参照）。

● **合印**

カーブの線や長い辺を縫い合わせるときに、それぞれの布の合印どうしを合わせてまち針をとめると、ズレずに縫い合わせることができる。

BASIC LESSON

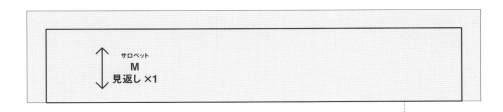

● **ギャザー**
ギャザーをよせる辺を示す印。縫い代部分をやや粗い縫い目で縫い、縫い始めと縫い終わりの上糸を引いて、ギャザーをよせる（ギャザーのよせ方はp.33参照）。

● **裁ち切り線**
縫い代をつけない、でき上がり線のこと。縫い代がついてない場合は、そのまま縫い代をつけずに裁ち切り線で切る。

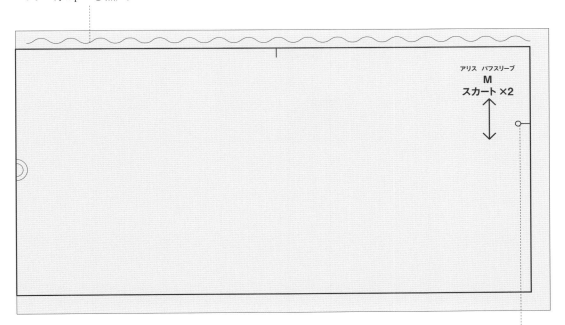

● **あき止まり**
服の後ろあきの位置を示す印。印から上のでき上がり線は、縫わずに残しておく。

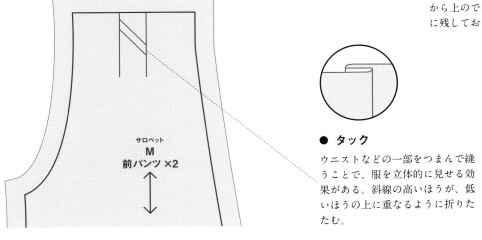

● **タック**
ウニストなどの一部をつまんで縫うことで、服を立体的に見せる効果がある。斜線の高いほうが、低いほうの上に重なるように折りたたむ。

型紙の写し方

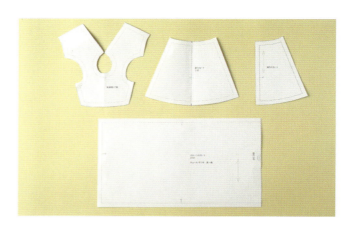

● 型紙を用意する

作る作品を決めたら、サイズを確認して必要な型紙のページをすべてコピーする。または、トレーシングペーパーに鉛筆で、ズレないように正確に型紙を写す。コピーまたは写した型紙は、すべて縫い代線に沿ってカットする。必要な型紙がすべてそろっているか、作業の前に確認すること。

● 布に型紙を写す

1　布の裏側に型紙をのせる。

2　型紙の縫い代線（外側の線）に沿って、チャコなどで線を引く。

3　線を引き終わったところ。

4　型紙の一部（つながった1辺）の縫い代を、でき上がり線に沿ってカットする。

5　縫い代の一部をカットしたところ。

6　型紙の縫い代線が残っている部分を、3で引いた線に合わせて再び布の上にのせる。

7　型紙に沿って、縫い代をカットした部分のでき上がり線を引く。

8　写し終わったところ。

9　型紙の残りの縫い代線を、でき上がり線に沿ってすべてカットする。

BASIC LESSON

10 7で引いたでき上がり線に合わせて、型紙を再び布の上にのせる。

11 残りのでき上がり線をすべて写す。

12 型紙を写し終えたところ。同様にすべての型紙を写す。

● 「わ」の型紙の写し方

1 布の裏側に型紙をのせる。このとき、左側に型紙1枚分のスペースをあけておく。

2 型紙の縫い代線(外側の線)に沿って、チャコなどで線を引く。中央の印とでき上がり線の位置をつけておく。

3 写し終わったところ。

4 中央の印に沿って、型紙を裏返してのせる。

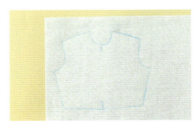

5 写し終わったところ。中央の印から左右対称に、型紙を写した状態になる。

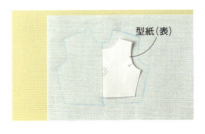

6 型紙の縫い代をすべて、縫い線に沿ってカットする。2でつけた中央の印とでき上がり線の位置に合わせて、型紙をのせる。

7 型紙に沿って、でき上がり線を引く。このとき、合印も忘れずにつけておく。

8 4と同様に型紙を裏返してのせ、でき上がり線を引いて合印をつける。

9 型紙を写し終えたところ。

基本の作業

すべての作品の作り方に共通する基本の作業です。
基本の作業をていねいにしっかりすることで、
作品の仕上がりがワンランクアップします。

● ほつれ止めの処理をする

1　布に型紙を写し終えたら、縫い代線（外側の線）を手芸用はさみで裁つ。

2　裁ち終わったところ。同様にして、すべてのパーツを裁つ。

3　縫い代にほつれ止め液をつける。布にしみ込みすぎないよう、浮かせて裁断面だけにほつれ止め液がつくようにするとよい。

● ノッチを入れる

1　縫い代につけた合印や中央の印に、はさみで切り込みを入れる。このとき、でき上がり線まで切り込みを入れないように注意する。

2　切り込みを入れ終わったところ。この切り込みを「ノッチ」という。

3　表側から見たところ。ノッチを入れておくと、表側からでも印の位置がひと目でわかるので便利。

● 縫い合わせる

1　縫い合わせたい辺どうしを中表に重ね、でき上がり線の角どうしをまち針でとめる。

2　針目を1.4〜1.6mmに設定し、指定がない場合はでき上がり線の上だけを縫う。縫い始めと縫い終わりは、1、2針返し縫いをする。

3　縫い終えたところ。でき上がり線の上だけが縫われた状態になる。

BASIC LESSON

● ギャザーをよせる

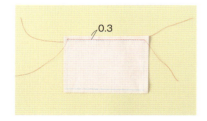  

1　でき上がり線の1〜2mm外側を、針目を2.5mmに設定してギャザー用に縫う。縫い始めも縫い終わりも返し縫いはせず、糸を長めに残す。

2　布を押さえながら、両端の上糸どうしを交互に引いてギャザーをよせる。

3　ギャザーをよせたところ。両端部分にはギャザーをよせず、それ以外の部分には均等にギャザーをよせるようにする。

● 縫い代を折る

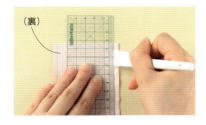  

1　パーツの折りたい辺に定規をあて、へらででき上がり線をなぞる。

2　縫い代を裏側に折り、へらの上に指を添えて奥から手前にへらを動かしてしっかり押さえる。

3　縫い代が折れたところ。アイロンをかけなくても、きれいに折ることができる。

● 縫い代を割る　　● 角を出す　　● アイロンをかける

 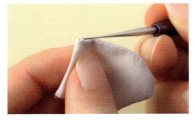 

縫った辺の縫い代を左右に分け、縫い代を上から押さえるようにして割る。

縫い合わせた布を表に返したとき、角がある場合は目打ちを使ってていねいに出す。

仕上がったら、最後はアイロンをかける。胴やパンツなど筒状の部分は、折り目をつけないようにアイロンをかけるとよい。

あると便利な筒状アイロン台

**ドール服の仕上げの
アイロン用に作っておくと便利。**

長さ15cm程度のラップなどの芯を20cm×20cmのフェルトにのせる。端から巻いていき、最後まで巻いたら上下のフェルトを芯の穴の中に差し込む。

材料について

この本の作品に使用した布や素材を紹介します。作品に合わせて、布や素材を選んでいるので、手持ちのものを使う場合の参考にもしてください。

○ 布

● **綿ローン**

薄手で光沢がある、しなやかな木綿の布。縫いやすく、ギャザーもきれいによせることができる。色や柄も豊富なので、ワンピースやエプロン、パンツなど、幅広い作品に使用。

▶ p.09「Frill Salopette Pants」、p.11「Girlish Puff Sleeve Dress」「Lovely Retro Apron」、p.13「Standard Alice Dress」「White Lace Apron」、p.15「Panel Line Dress」などに使用

● **ジャカード**

生地に織りで花模様などを浮き上がらせた、重厚感のある布。シックな装いにぴったり。レースやチュールと組み合わせると、より華やかな印象になる。

▶ p.17「Decorative Black Dress」「Lace Maxi Skirt」に使用

● **コットンボイル**

薄手で目が粗く、地の目が透けて見える柔らかい生地。シフォンやジョーゼットよりは織り糸が太いので、ハリがあって縫いやすい。ふんわり仕上げたい作品に向いている。

▶ p.09「Lace Stand-Up Collar Blouse」、p.19「Sweet Lacy Nightie」「Night Cap」に使用

● **チュール**

網目状になった透ける素材で、ナイロン製のものが多い。ドットやハートなどの模様がついているものもある。重ねるとボリュームが出るので、ソフトタイプを選んで。

▶ p.07「Fairy Tale Bustier」「Tulle Pannier」、p.17「Lace Maxi Skirt」、p.25「Shiny Balloon Dress」に使用

● **メモリータフタ**

独特のハリとツヤのある加工がされたポリエステル生地で、ドレスなどのフォーマルファッションによく使われる。薄くて軽いがハリがあるので、接着芯を貼らなくてもドレスのラインがしっかり出る。

▶ p.23「Classical Off Shoulder Dress」に使用

● **シャンタン**

光沢があり、表面に織り糸の不規則な節が見えるのが特徴。サテンよりもハリがあり、シルエットがきれいに出るため、フォーマルなドレスなどに最適。

▶ p.25「Shiny Balloon Dress」に使用

● **フェイクファー**

毛皮に見立てた合成繊維で、毛足の長さが違うものや色も豊富。この本では、細くカットしたテープ状にして使用しているが、コートの表生地に使ってもよい。

▶ p.23「Classical Off Shoulder Dress」に使用

BASIC LESSON

● ニット

伸縮性のある布。種類はいろいろあるが、スムース、天竺、フライスが扱いやすくておすすめ。

▶ p.13, 23「Knee High Socks」、p.23「Classical Off Shoulder Dress」に使用

● ループヤーン

くるくるとしたループ状の糸で織った布で、表面にループ（輪）が出てふわふわとした柔らかい手触り。シンプルなデザインでも布の質感が楽しめる。

▶ p.21「Romantic Wool Loop Coat」に使用

○ その他の素材

● レーステープ、トーションレース

作品に合わせて、様々な幅のレースを使用。ギャザーがよっていたりゴムが縫いつけてあるフリルレース（写真左）は、カーブした辺にもきれいに縫いつけることができる。端がネット状になっているはしごレース（写真右上下）はネット部分にリボンを通して使うことができる。

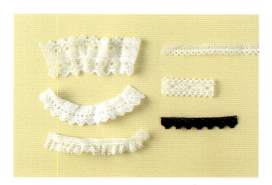

レースにリボンを通す場合

はしごレースのネット状になった部分に、等間隔になるように細いサテンリボンを通していく。そのままで通しにくい場合は、とじ針を使って通すとよい。

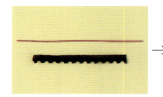
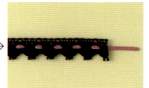

● 飾りパーツ

ドレスには、レース以外にもさまざまなパーツを使ってデコレーションをしている。手芸店などで、気に入ったものを探してみては。立体的なバラのモチーフがついたレース地（左）は、必要な分のバラをレース地ごとカットして使う。細長くカットすればテープとして、1個ずつカットすれば飾りパーツとして使うことができる。花形スパンコール（右）は、リボンと組み合わせるとより華やかに。

● ウーリー糸

伸縮加工を施した、ナイロンまたはポリエステル製の糸。この本ではp.09「Fancy Stick Pony」で使うタッセルを作るときに使用。巻きつけるだけで糸が絡まり、結ばなくてもしっかりとまる。

p.13 Standard Alice Dress
（アリスのドレス）

実物大型紙　p.86
前身ごろ、えり、後ろ身ごろ、袖、カフス、スカート、フリル

● **材料**　＊布の寸法は横×縦。

綿ローン（水色）…S：32cm×17cm、M：45cm×20cm、L：45cm×22cm
綿ローン（白）…S：8cm×8cm、M・L：10cm×10cm
直径5mmのスナップボタン…2組

● **作り方**

＊写真内の数字の単位はcm。
＊作品とは違う布で解説。赤い糸を使用しているが、
　実際は布と同色の糸で縫う。

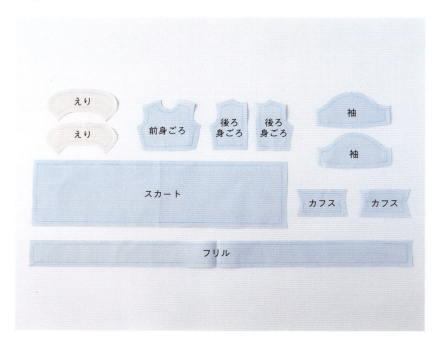

綿ローン（白）の裏側に型紙を当て、えり2枚を裁つ。綿ローン（水色）の裏側に型紙を当て、前身ごろ1枚、後ろ身ごろ2枚、袖2枚、カフス2枚、スカート1枚、フリル1枚を裁つ。まわりにほつれ止めの処理をする。

えりをつける

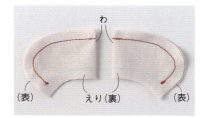

1　えりをそれぞれ中表に半分に折って縫う。

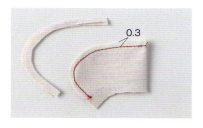

2　1の縫い代を、0.3cmになるように切り取る。

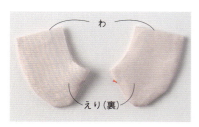

3　表に返し、形を整える。

BASIC LESSON

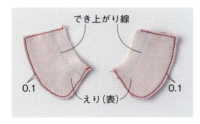

4 端にステッチをかける。えりの型紙をのせ、でき上がり線を引く。

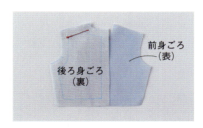

5 前身ごろに後ろ身ごろ1枚を中表に合わせ、肩を縫う。

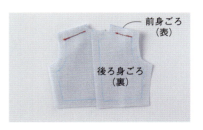

6 もう1枚の後ろ身ごろを5に中表に合わせ、肩を縫う。

7 肩の縫い代を割る。

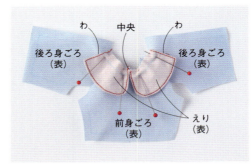

8 前身ごろのえりぐりの中央から後ろ身ごろの端に、えりをそれぞれ合わせてまち針でとめる。

9 えり側から、2枚のえりの端から端まで続けて縫う。

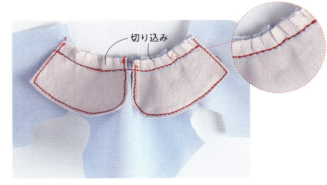

10 えりぐりとえりの縫い代に、一緒にやや細かく切り込みを入れる。

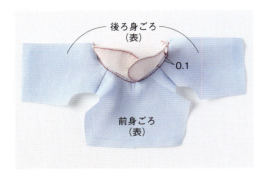

11 縫い代を身ごろの裏側に倒し、えりをよけて身ごろの表側からえりぐりの端を縫う。

12 えりを倒して形を整える。

袖をつける

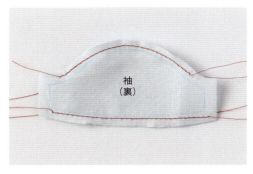

1 袖の上下の縫い代をギャザー用に縫う。

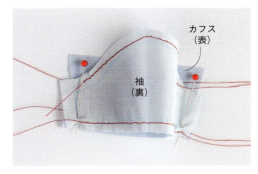

2 袖のカーブの緩いほうの辺とカフスを中表に合わせ、端と中央をまち針でとめる。

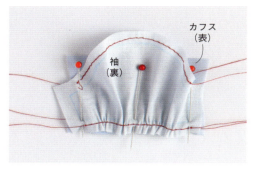

3 カフスの幅に合わせて、袖にギャザーをよせる。

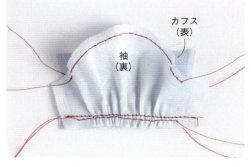

4 端から端まで、ギャザーをよせた袖側から縫う。

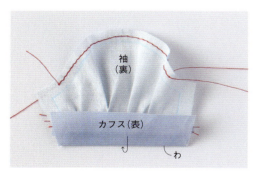

5 カフスの半分を、袖の裏側に折り返す。

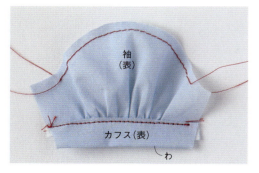

6 カフスの端を表側から縫う。もう1枚の袖とカフスも同様に縫う。

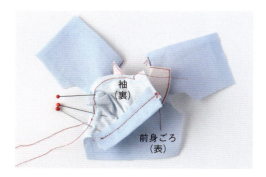

7 前身ごろと袖を中表に合わせ、身ごろの肩のはぎ目と袖山の中央を合わせてまち針でとめる。さらに、前身ごろと袖の端の合印どうしをまち針でとめる。まち針でとめた部分にギャザーをよせる。

point　袖は半分ずつギャザーをよせて縫うと、きれいに仕上がる。

BASIC LESSON

8 まち針でとめた部分を、ギャザーをよせた袖側から縫う。

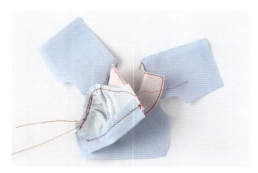

9 袖の半分が前身ごろに縫えたところ。

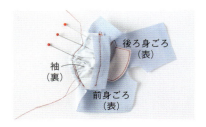

10 袖の残り半分を、7と同様にまち針でとめてギャザーをよせる。

11 まち針でとめた部分を、ギャザーをよせた袖側から縫う。

12 7～11と同様に、もう1枚の袖を縫いつける。左右の袖がついたところ。

脇を縫う

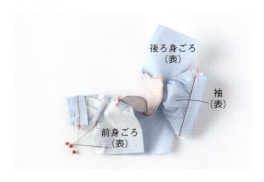

1 前身ごろと後ろ身ごろの脇を中表に合わせ、まち針でとめる。もう1枚の後ろ身ごろも、同様にまち針でとめる。

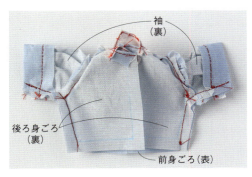

2 袖下から身ごろの脇を、端から端まで続けて縫う。

3 表に返す。身ごろにえりと袖がつき、上半身ができ上がる。

フリルをつける

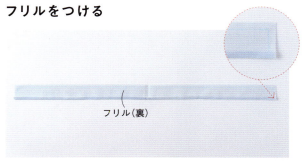

1 フリルの下側の縫い代を、裏側に折る。

2 1の辺を、端から端まで表側から縫う。

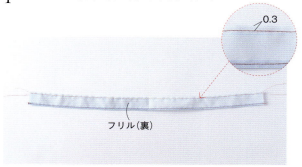

3 フリルの上側の縫い代をギャザー用に縫う。

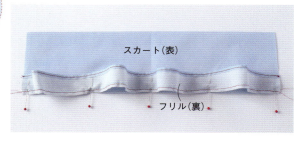

4 スカートの裾にフリルを中表に合わせ、両端、中央の印、さらにその間をまち針でとめる。

5 裾の幅に合わせて、フリルにギャザーをよせる。

6 端から端まで、フリル側から縫う。

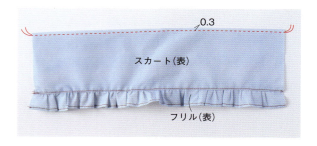

7 縫い代はスカート側に倒し、表からステッチで押さえる。スカートの上側の縫い代を、ギャザー用に縫っておく。

BASIC LESSON

身ごろにスカートをつける

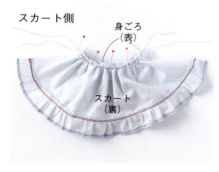
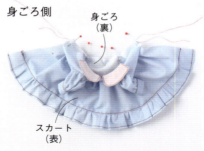

1 スカートを身ごろに中表に合わせ、まち針をとめる。身ごろの幅に合わせて、スカートにギャザーをよせる。

point

まち針はギャザーをよせた側からでき上がり線に直角にとめ、縫うときもギャザーを上にして縫う。

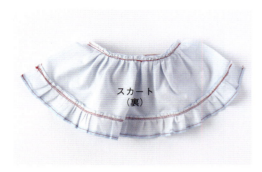
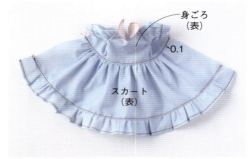

2 端から端まで、スカート側から縫う。

3 縫い代を身ごろ側に倒し、表からウエストにステッチをかけて縫い代を押さえる。

4 3を中表に合わせ、フリルの下端からあき止まりまで縫う。

5 縫い代を割り、あき止まりより上の縫い代は裏側に折る。

6 表に返し、★から☆までを続けて縫う。後ろあきができる。

7 スナップボタンを縫いつける。位置は、ドールに着せて確認してから決めるとよい。

8 でき上がり。

p.13 White Lace Apron
（レースエプロン）

実物大型紙　p.88
エプロン、肩ひも、ベルト、ひも

● **材料**　＊布の寸法は横×縦。

綿ローン（白）…S：30cm×14cm、M・L：36cm×16cm
幅1.8cmのフリルコットンレース…S：40cm、M：50cm、L：55cm

● **作り方**

＊写真内の数字の単位はcm。
＊作品とは違う布で解説。赤い糸を使用しているが、
　実際は布やレースと同色の糸で縫う。

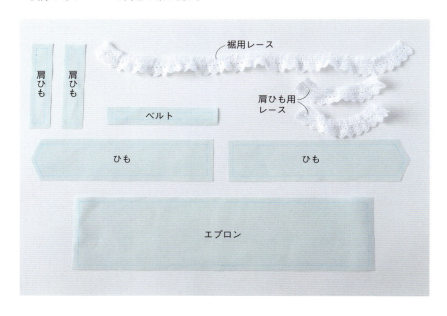

布の裏側に型紙を当て、肩ひも2枚、ベルト1枚、ひも2枚、エプロン1枚を裁つ。まわりにほつれ止めの処理をする。フリルコットンレースは、肩ひも用にS：9cm／M：10cm／L：12cmに2本ずつカットする。残りは裾用になる。

肩ひもをつける

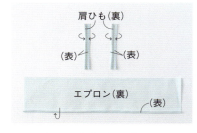

1 肩ひもの左右の縫い代とエプロンの下側の縫い代を、裏側に折る。

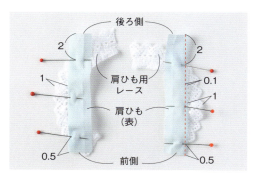

2 肩ひもの内側の縫い代を開く。外側の縫い代は折ったまま、裏側に肩ひも用レースをそれぞれまち針でとめ、端から端まで縫う。

point

肩ひもの上下の端をあけ、レースをスカラップ状にカーブさせてとめる。

BASIC LESSON

3 裏に返し、縫い代にはみ出したレースをカットする。

4 カットしたところ。

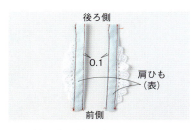

5 縫い代を折り戻してレースをはさみ、端から端まで表側から縫う。

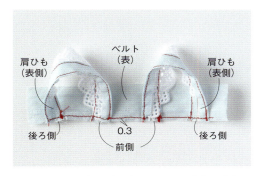

6 ベルトの印に肩ひもをそれぞれ中表に合わせ、縫い代に仮留めする。

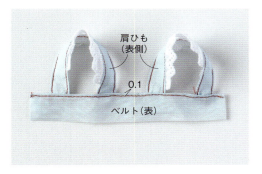

7 ベルトの縫い代を裏側に折り、肩ひもを起こす。端から端まで、ベルト側から縫う。

エプロン本体をつける

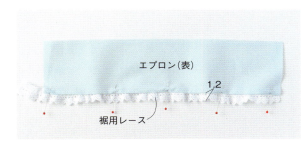

1 エプロンの下端に、裾用レースを端から端まで合わせてまち針でとめる。

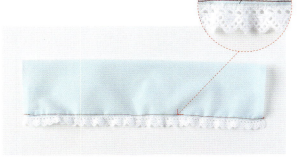

2 1を端から端まで、エプロン側から縫う。余分なレースはカットする。

3 エプロンの左右の縫い代をレースごと裏側に折り、端から端まで縫う。

4 エプロンの上端の縫い代を、ギャザー用に縫う。

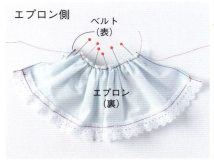
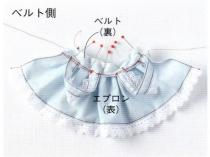

5　4をベルトの下側に中表に合わせ、ベルトの左右のでき上がりの端にエプロンの左右の端を合わせ、さらにその間を均等にまち針でとめる。ベルトの幅に合わせて、エプロンにギャザーをよせる。

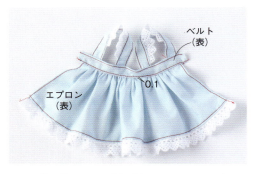

6　端から端まで、ギャザーをよせたエプロン側から縫う。

7　縫い代をベルト側に倒し、ベルトの下端にステッチをかけて縫い代を押さえる。

ひもをつける

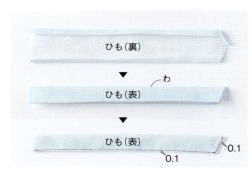
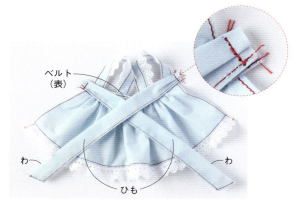

1　ひもの上下と斜めの辺の縫い代を裏側に折ってから、外表に半分に折る。ひもの端を縫う。

2　ひもの端をベルトの幅に合わせて折り、ベルトの両端にそれぞれ縫いつける。

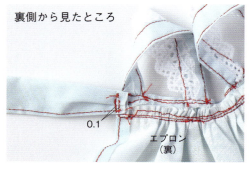

3　ベルトの左右の縫い代をひもと一緒に裏側に折り、端を縫って押さえる。

4　でき上がり。

BASIC LESSON

p.07 Fairy Tale Bustier
（妖精のビスチェ）

実物大型紙　p.85
前身ごろ、後ろ身ごろ、サイド、裏布

● **材料**　＊布の寸法は横×縦。

綿ローン（ピンク）…S：18cm×10cm、M：20cm×12cm、L：20cm×14cm
チュール（ピンク）…S：40cm×10cm、M：50cm×12cm、L：55cm×15cm
レース　A 幅1.5cmのレーステープ…S：5cm、M・L：7cm
　　　　B 幅1.5cmのフリルレース（白）…S：5cm、M・L：6cm
　　　　C 幅1cmのトーションレース（白）…S：8cm、M：10cm、L：13cm
　　　　D 幅3.3cmのフリルレース（白）…S：10cm、M・L：13cm
リボン　E 幅0.3cmのサテンリボン（ピンク）…30cm
　　　　F 幅0.3cmのサテンリボン（レインボーカラー）…40cm
直径0.4cmのパールビーズ…4個、直径5mmのスナップボタン…2組

● **作り方**

＊写真内の数字の単位はcm。
＊作品とは違う布で解説。赤い糸を使用しているが、
　実際は布やレースと同色の糸で縫う。

綿ローンの裏側に型紙を当て、前身ごろ1枚、
サイドを対称に各1枚、後ろ身ごろを対称に
各1枚、裏布1枚を裁つ。まわりにほつれ止
めの処理をする。

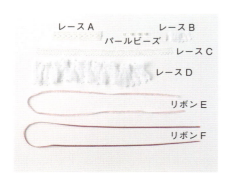
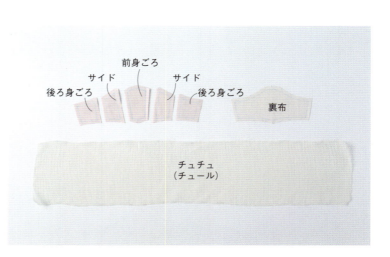

ビスチェを作る

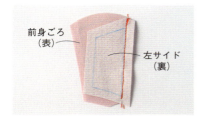

1　前身ごろと左サイドを中表に合わせ、端から端まで縫う。

2　左サイドに左後ろ身ごろを中表に合わせ、端から端まで縫う。

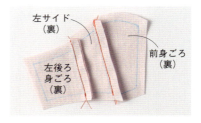

3　縫い代はすべて、前身ごろ側に倒す。

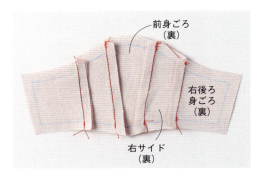

4　1〜3と同じ要領で、前身ごろと右サイド、右後ろ身ごろを縫い合わせ、縫い代を倒す。

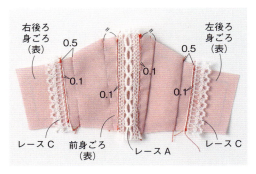

5　前身ごろの中央にレースA、後ろ身ごろにレースCをそれぞれのせて端を縫う。

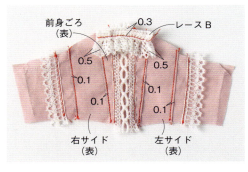

6　前身ごろとサイドの端を縫う。レースBの両端を裏側に0.5cm折って中央に仮留めする。

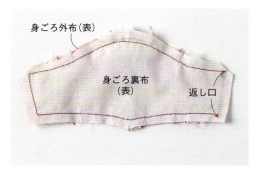

7　6と裏布を中表に合わせ、1辺を返し口に残して縫う。

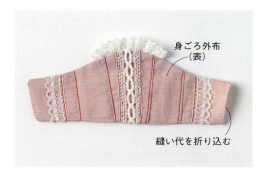

8　返し口から表に返し、返し口の縫い代を裏側に折り込む。

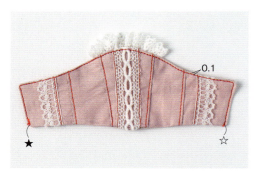

9　★から☆まで、表側から端を縫う。

チュチュをつける

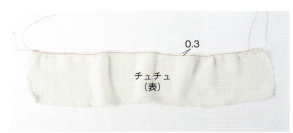

1　チュールの上側を、ギャザー用に縫う。

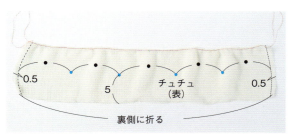

2　1の表側の幅を5等分し、リボンつけ位置の印をつける。左右の端を0.5cm裏側に折る。

BASIC LESSON

3 チュチュのギャザーの縫い目を、身ごろの下側から0.2cmの位置に合わせてのせる。身ごろとチュチュの左右の端を合わせ、その間を均等にまち針でとめる。身ごろの幅に合わせて、チュールにギャザーをよせる。

4 端から端まで、ギャザーをよせたチュール側から縫う。

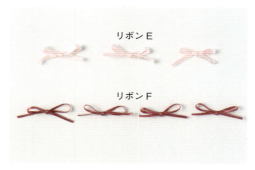

5 レースDをスカラップを少しずらして折り、4の縫い目の上に重ねて端を縫う。

6 リボンE、Fをそれぞれ長さ10cmにカットし、蝶結びする。

7 糸を2本取りにし、チュチュの下端からリボンつけ位置の印まで、ぐし縫いをする。

8 7の糸を引いて縮め、印の上で玉留めする。

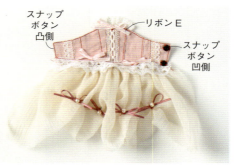

9 リボンFとパールビーズを縫い留める。残りも同様に作業する。

10 リボンEを前身ごろの上中央とサイドの下中央に、それぞれ縫い留める。左後ろ身ごろの端と、裏布の右端に、それぞれスナップボタンを縫いつける。位置は、ドールに着せて確認してから決めるとよい。でき上がり。

p.13 White Drawers
（ホワイトドロワーズ）

実物大型紙　p.88

● **材料**　＊布の寸法は横×縦。

綿ローン（白）…S：20cm×7cm、M：22cm×10cm、L：23cm×13cm
幅1.8cmのフリルコットンレース…S：7cmを2本、M：11cmを2本、L：12cmを2本
幅0.3cmの平ゴム…S・M・L共通：30cm

● **作り方**

＊写真内の数字の単位はcm。
＊作品とは違う布で解説。赤い糸を使用しているが、
　実際は布やレースと同色の糸で縫う。

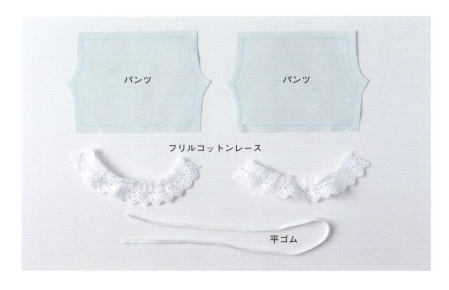

布の裏側に型紙を当て、パンツ2枚を裁つ。まわりにほつれ止めの処理をする。

1　パンツ表側の裾にレースを中表にのせ、端から端まで縫う。

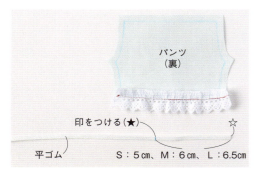

2　縫い代をパンツ側に倒す。平ゴムに、指定の長さの印をつける。

BASIC LESSON

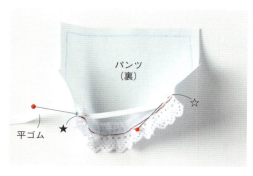

3 パンツの左右の端に、平ゴムの印（★）と端（☆）をそれぞれ合わせてまち針でとめる。

4 ☆から★まで、平ゴムを手で伸ばしながらゴムの中央を縫う。

5 縫い終わったところ。縫ったらゴムを印でカットする。同様に、もう1枚縫う。

6 パンツ2枚を中表に合わせ、片側の股上を縫う。縫い代を割る。

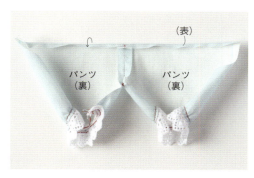

7 上端の縫い代を裏側に折る。平ゴムに、S：6cm、M・L：8cmの印をつける。

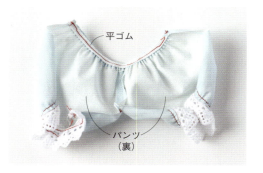

8 7で折った縫い代の上に平ゴムをのせ、3～5と同じ要領で縫いつける。

9 パンツを中表に合わせ、6と反対側の股上を縫って縫い代を割る。

10 6と9のはぎ目を合わせ、股下を◆から◇まで続けて縫う。

11 でき上がり。

p.13 Knee High Socks
（ニーハイソックス／ボーダー）

実物大型紙　p.93

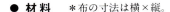

● **材料**　＊布の寸法は横×縦。

ニット（白と黒のボーダー）…S：12cm×10cm、M：14cm×12cm、L：14cm×14cm
厚紙…型紙が収まるサイズ

● **作り方**

＊写真内の数字の単位はcm。
＊作品とは違う布で解説。赤い糸を使用しているが、
　実際は布やレースと同色の糸で縫う。

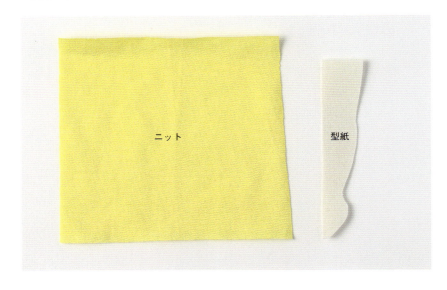

型紙のコピーを厚紙にのりで貼り、切ったものを用意する。布に型紙は写さない。

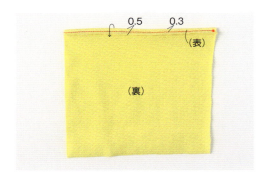

1　布の上端を0.5cm裏側に折って、端を縫う。返し縫いはしなくてもよい。

2　布の左側半分を中表に半分に折り、上端をそろえて型紙をのせる。

p.09 Frill Salopette Pants
（フリルサロペットパンツ）

実物大型紙　p.95
前パンツ、後ろパンツ、肩ひも、フリル、見返し

● **材料**　＊布の寸法は横×縦。

綿ローン（プリント柄）…S：30cm×20cm、M：40cm×24cm、L：42cm×28cm
直径5mmのスナップボタン…1組

● **作り方**

＊写真内の数字の単位はcm。
＊作品とは違う布で解説。赤い糸を使用しているが、
　実際は布と同色の糸で縫う。

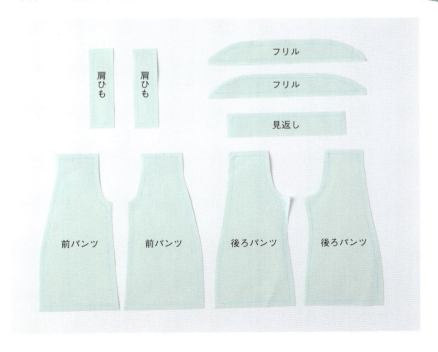

布の裏側に型紙を当て、肩ひも2枚、フリル2枚、見返し1枚、前パンツを対称に各1枚、後ろパンツを対称に各1枚裁つ。まわりにほつれ止めの処理をする。

肩ひもを作る

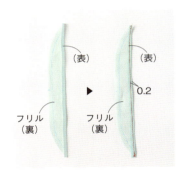

1 フリルの直線の辺の縫い代を裏側に折り、端を縫う。

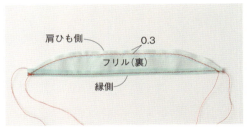

2 フリルのカーブの辺の縫い代を、ギャザー用に縫う。

BASIC LESSON

3 型紙をのせたまま、型紙に沿って返し縫いをして縫い始める。

4 途中、型紙がズレないように指で押さえながら最後まで縫ったら返し縫いをする。

5 縫い終わったところ。

6 布の右半分を中表に半分に折る。型紙を裏返してのせ、3、4と同様に縫う。

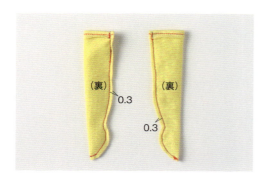

7 縫い目より0.3mm外側をカットする。

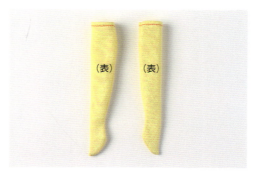

8 表に返す。でき上がり。

BASIC LESSON

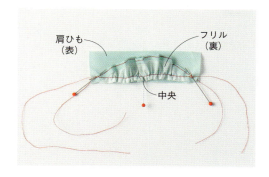

3 肩ひもとフリルを中表に合わせ、左右の端と中央を合わせてまち針をとめる。肩ひもの幅に合わせて、フリルにギャザーをよせる。

4 端から端まで、ギャザーをよせたフリル側から縫う。

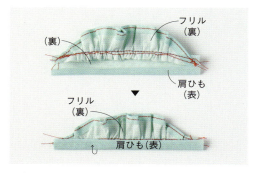

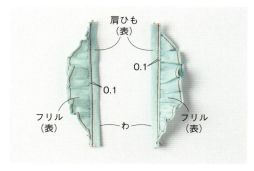

5 縫い代を肩ひも側に倒し、縫い代をつつむように肩ひもを三つ折りにする。

6 フリルの表側から、肩ひもの端を縫う。こちらが肩ひもの表側になる。

パンツを作る

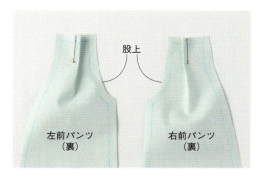

1 前パンツを中表に折り、タックの印どうしを合わせてまち針でとめる。

2 タックの線の上を縫い、縫い代を股上側に倒す。タックができる。

3 前パンツ2枚を中表に合わせ、股上を縫う。ウエスト側は端まで縫う。

4 右前パンツと右後ろパンツを中表に合わせ、脇を縫う。ウエスト側は端まで縫う。

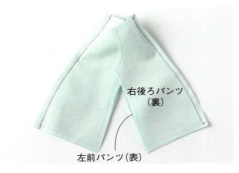

5　4と同様に、左前パンツに左後ろパンツを中表に合わせて縫う。

6　3～5で縫った部分の縫い代を、すべて割る。

肩ひもをパンツにつける

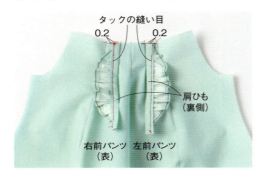

1　タックの位置に肩ひもを中表に合わせてのせ、それぞれ仮留めする。

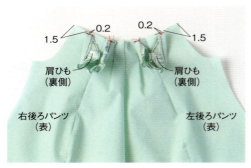

2　肩ひもの反対側を、後ろパンツの印にそれぞれ仮留めする。

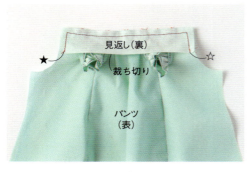

3　ウエストに見返し（縫い代のある方）を中表に合わせ、★から☆まで続けて縫う。

4　後ろパンツ2枚を中表に合わせ、股上をあき止まりまで縫う。

BASIC LESSON

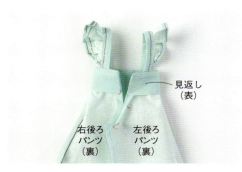

5 股上の縫い代を割り、見返しを表に返す。

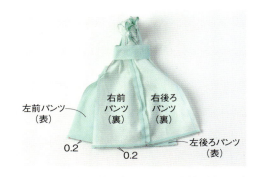

6 パンツの裾の縫い代をそれぞれ裏側に折り、端から端まで縫う。

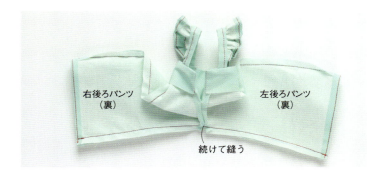

7 左前パンツと後ろパンツ、右前パンツと右後ろパンツをそれぞれ中表に合わせ、股下を裾から裾まで続けて縫う。

point

前パンツと後ろパンツの股上どうしをまち針でとめて、ずれないようにする。

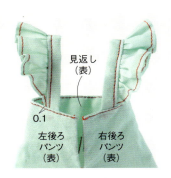

8 表に返し、ウエストの端を縫う。

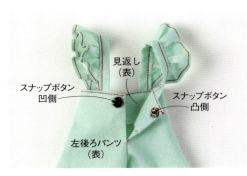

9 スナップボタンを縫いつける。位置は、ドールに着せて確認してから決めるとよい。

10 でき上がり。

p.25 Shiny Balloon Dress
（バールンドレス）

実物大型紙　p.94
身ごろ、前土台スカート、後ろ土台スカート、オーバースカート

● **材料**　＊布の寸法は横×縦。

シャンタン（赤）…S：30cm×17cm、M：40cm×23cm、L：46cm×26cm
チュール（赤）…S：35cm×13cm、M：45cm×15cm、L：50cm×18cm
接着芯…S・M・L共通：12cm×12cm
直径5mmのスナップボタン…2組

● **作り方**

＊写真内の数字の単位はcm。
＊作品とは違う布色、違う色の接着芯で解説。
　赤い糸を使用しているが、実際は布と同色の糸で縫う。

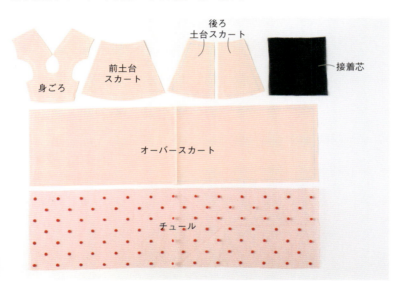

シャンタンの裏側に型紙を当て、身ごろ1枚、前土台スカート1枚、後ろ土台スカートを対称に各1枚、オーバースカート1枚を裁つ。まわりにほつれ止めの処理をする。

身ごろを作る

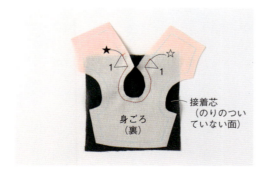

1 接着芯ののりのついていない面と身ごろの表側のえりぐりを合わせ、★から☆まで縫う。

2 1で縫った部分の接着芯を切り取る。えりぐりは、縫い代の幅も狭くする。

56

BASIC LESSON

3　身ごろに重なった接着芯を、縫い目から1cm残して切り取る。

4　切り取ったところ。切り取った残りの接着芯は残しておく。

5　接着芯を身ごろの裏側に返し、アイロンで押さえて接着芯を貼る。

6　残りの接着芯ののりのついていない面と、身ごろの表側の腕ぐりを合わせて縫う。

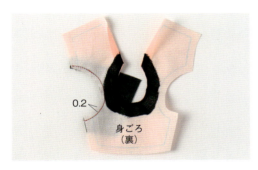

7　2のえりぐりと同じ要領で、接着芯と縫い代を切り取る。

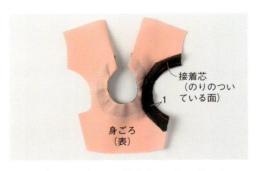

8　身ごろに重なった接着芯を、縫い目から1cm残して切り取る。

9　接着芯を身ごろの裏側に返し、アイロンで押さえて接着芯を貼る。

10　反対側の腕ぐりにも、6〜9と同様に接着芯を縫って貼る。

57

11 身ごろを中表に折って重ね、両脇を縫う。腕ぐり側は、端まで縫う。

12 両脇の縫い代を割る。身ごろができる。

スカートを作る

1 前土台スカートと後ろ土台スカート1枚を中表に合わせ、脇を縫う。裾側は端まで縫う。

2 もう1枚の後ろ土台スカートを前土台スカートに中表に合わせ、1と同様に縫う。

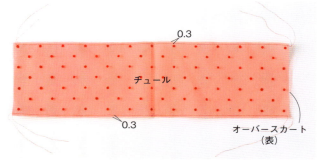

3 両脇の縫い代を割る。土台スカートができる。

4 オーバースカートの表側にチュールを重ね、2枚一緒に上下の端をギャザー用に縫う。

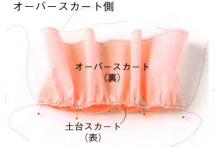
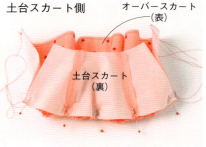

5 オーバースカートと土台スカートを中表に合わせ、裾の左右の端どうしと中央の印どうしをそれぞれまち針でとめる。さらに、土台スカートのはぎ目とオーバースカートの合印を合わせてまち針でとめる。土台スカートの幅に合わせて、オーバースカートにギャザーをよせる。

BASIC LESSON

6 端から端まで、ギャザーをよせたオーバースカート側から縫う。

7 6を開き、縫い代を土台スカート側に倒す。

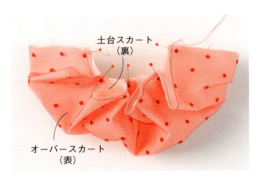

8 オーバースカートを再び土台スカートに外表に合わせ、ウエストの左右の端どうしと中央の印どうしをそれぞれまち針でとめる。さらに、土台スカートのはぎ目とオーバースカートの合印を合わせてまち針でとめる。

9 土台スカートの幅に合わせて、オーバースカートにギャザーをよせる。

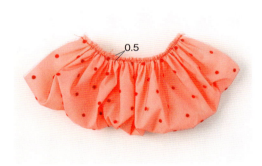

10 端から端まで、ギャザーをよせたオーバースカート側から0.5cm内側を縫う。

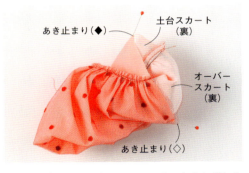

11 土台スカートとオーバースカートそれぞれを中表に合わせ、あき止まりをまち針でとめる。

12 土台スカートとオーバースカートのあき止まりの間（◆から◇）を縫う。

13 縫い合わせたところ。

59

身ごろにスカートをつける

1
オーバースカートと身ごろの表側を合わせ、左右の端どうしを合わせてまち針でとめる。さらに中央と、その間をまち針でとめる。

2
端から端まで、身ごろ側から縫う。縫い代は身ごろ側に倒す。

3
スカートの縫い代のあき止まりの印に切り込みを入れる。

4
身ごろとスカートのあき止まりより上の縫い代を裏側に折り、端を▲から△まで続けて縫う。

> **point**
> あき止まり部分は、スカートを一緒に縫い込まないように注意して縫う。

5
スナップボタンを縫いつける。位置は、ドールに着せて確認してから決めるとよい。

8
でき上がり。

HOW TO MAKE AND PATTERN

＊材料に表記されている布の寸法は目安です。手持ちの布を使う場合は、布に型紙を並べて確認しましょう。
　新たに布を購入するときには、作りたい作品の一番縦が長い型紙の長さを確認し、その型紙が入る長さを目安にしてください。
＊それぞれの作品の型紙を、材料に表記されているサイズの布で裁つ場合の配置図は、
　日本文芸社のホームページで確認することができます。　http://sp.nihonbungeisha.co.jp/dolloutfit/
＊イラスト内の数字の単位はcm。
＊ギャザー用のミシンステッチ以外は、縫い始めと縫い終わりは返し縫いをします。
　1周縫う場合は、縫い始めと縫い終わりの縫い目を重ねます。
＊糸は布と同じ色を使いましょう。
＊型紙は、サイズごとに色分けされています。また、コピーをしたものをそのまま切り取って使えるように配置しています。
　作りたい作品とサイズを確認し、必要に応じて1回または2回コピーをとって切り取りましょう。

p.07

Tulle Pannier
(チュールパニエ)

● **材料** ＊布の寸法は横×縦。

チュール
　A（ピンク地にピンクのハート柄）…
　　S：60cm×10cm／M：70cm×14cm／L：70cm×20cm
　B（ピンク）…
　　S：60cm× 5cm／M：70cm× 7cm／L：70cm×10cm
　C（水色）…
　　S：60cm×22cm／M：70cm×31cm／L：70cm×40cm
綿ローン（ピンク）…S・M・L共通：15cm× 3cm
幅0.3cmの平ゴム…S・M・L共通：15cm

● **作り方**

1 チュールを重ねて縫う

①チュールCを図のように3等分に折って重ねる。

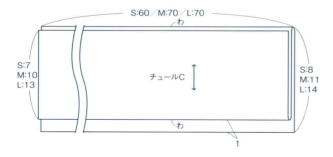

②チュールAを柄が外側になるように半分に折り、B、Cの順に重ね、上端をギャザー用に縫う。

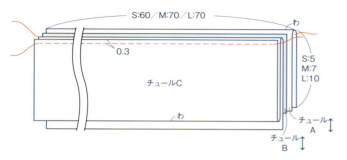

2 ベルトをつける

①綿ローンの左右の端を0.5cmずつ裏側に折って縫う。

②中央に折り筋をつけ、上下の端を0.5cmずつ裏側に折る。

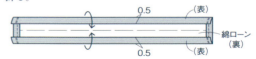

③p.43、44「エプロン本体をつける」の5と同じ要領で、❷を開いて表側に1のチュールA側を合わせて重ねる。綿ローンの幅（15cm）に合うまで上糸を引いて縮め、チュールの左右の端を0.5cm折り、上端から0.5cmの部分を縫う。

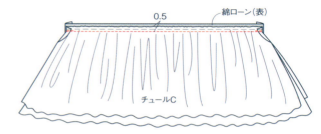

④綿ローンを、チュールの端を包むように❷の折り筋に添ってチュールC側に折り、端をまつり縫いする。こちらが裏側になる。

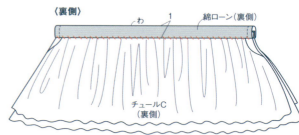

⑤ほかのチュールをよけて、チュールA1枚の裏側どうしを合わせ、図のようにあき止まりまで縫う。もう1枚のチュールA、B、Cのそれぞれ裏側どうしを重ね（わになった2枚は一緒に4枚重ねる）、同様にあき止まりまで縫う。

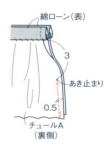

How to Make

p.07

Pink Drawers（ピンクドロワーズ）

実物大型紙
　S・M・L：p.85

● **材料**　＊布の寸法は横×縦。

綿ローン（ピンク）…
　S：18cm×6cm／M：22cm×7cm／L：24cm×8cm
幅1.8cmのトーションレース…
　S：9cmを2本／M：11cmを2本／L：12cmを2本
幅0.3cmの平ゴム…S・M・L共通：30cm

● **作り方**

1　綿ローンの裏側に型紙を当て、パンツを2枚裁つ。まわりにほつれ止めの処理をする。

2　p.48「White Drawers」と同様に作る。

p.11

Girlish Puff Sleeve Dress（パフスリーブドレス）

実物大型紙
　S・M・L：p.86
　前身ごろ／後ろ身ごろ／えり／袖／
　カフス／スカート／フリル

● **材料**　＊布の寸法は横×縦。

綿ローン（プリント柄）…
　S：32cm×17cm／M：45cm×20cm／L：45cm×22cm
綿ローン（赤）…
　S：7cm×6cm／M・L：8cm×7cm
直径5mmのスナップボタン…2組

● **作り方**

1　**布を裁つ**

①綿ローン（プリント柄）の裏側に型紙を当て、前身ごろ1枚、後ろ身ごろ対称に2枚、袖2枚、カフス2枚、スカート1枚、フリル1枚を裁つ。まわりにほつれ止めの処理をする。

②綿ローン（赤）の裏側に型紙を当て、えり2枚を裁つ。まわりにほつれ止めの処理をする。

2　p.36「Standard Alice Dress」と同様に作る。

3　**仕上げる**

綿ローンの端からゴムを通し、ドールにはかせて、ちょうどよいサイズでカットする。ゴムの端どうしを1cm重ね、二重に縫いとめる。

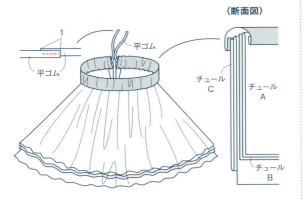

p.11

Lovely Retro Apron
（レトロエプロン）

実物大型紙
　S・M・L：p.87
前身ごろ／フリル／肩ひも／ひも

● **材料**　＊布の寸法は横×縦。

綿ローン（赤のギンガムチェック）…
　S：10cm×6cm／M・L：12cm×10cm
綿ローン（赤の細かいギンガムチェック）…
　S：15cm×10cm／M：18cm×13cm／L：20cm×15cm
綿ローン（赤）…
　S：30cm×20cm／M・L：40cm×30cm
接着芯…
　S：10cm×5cm／M・L：12cm×6cm
幅0.4cmのサテンリボン（赤）…12cmを2本

● **作り方**

1 布を裁つ

①綿ローン（赤のギンガムチェック）の裏側に型紙を当て、前身ごろ1枚を裁つ。

②綿ローン（赤の細かいギンガムチェック）の裏側に型紙を当て、肩ひも2枚とフリル1枚を裁つ。

③綿ローン（赤）の裏側に型紙を当て、ひも2枚を裁つ。さらにS：26cm×1.6cm、M：36cm×1.6cm、L：42cm×1.6cmのバイアステープを1枚裁つ。

④それぞれのまわりにほつれ止めの処理をする。

2 前身ごろにフリルを縫いつける

①フリルの表側の外側のカーブをギャザー用に縫う。

②上糸を左右に引いて縮めながら縫い代を裏側に折り、カーブを整えて表側から端を縫う。

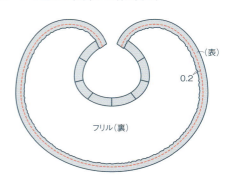

③バイアステープを外表に半分に折り、前身ごろの表側の裾に図のように縫う。

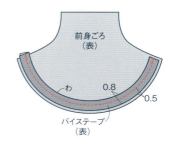

④❸にフリルを中表にのせ、合印を合わせて縫う。このとき前身ごろの左右の端は、図のようにあけておく。縫い代は前身ごろ側に倒す。

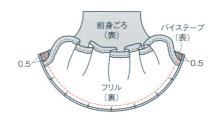

3 見返しをつける

①2の表側と接着芯ののりのついていない面を合わせて、前身ごろのでき上がり線を縫う。

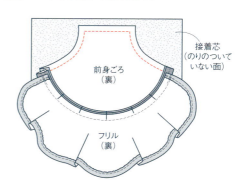

HOW TO MAKE

②前身ごろの縁に添って図のように接着芯をカットする。

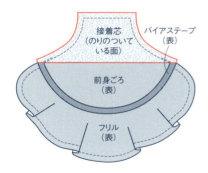

③接着芯を前身ごろの裏側に返し、アイロンで接着する。このとき表側から接着芯が見えないよう、0.1cmほど控えて折り込むとよい。

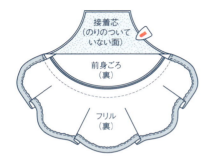

4 肩ひもとひもをつけて仕上げる

①肩ひもの左右の縫い代を裏側に折る。さらに半分に折り、端を縫う。

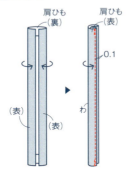

②ひもの縫い代を裏側に折る。さらに半分に折って、端を縫う。

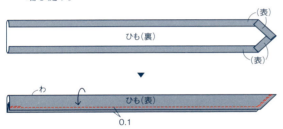

③前身ごろの裏側に肩ひも2本を図のように合わせ、前身ごろの縁を1周縫う。

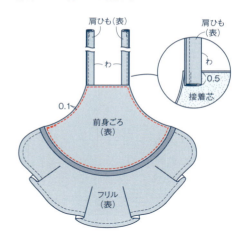

④前身ごろとフリルのはぎ目に、ひもと肩ひもの端を合わせ、それぞれ手縫いまたはミシンで往復して縫いつける。

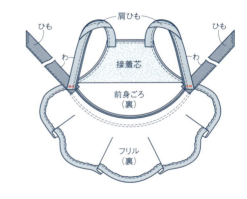

⑤リボンをそれぞれ蝶結びにし、好みの位置に縫いつける。

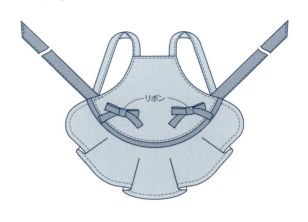

p.11
Kitchen Mitten
（キッチンミトン）

実物大型紙
　S・M・L：p.87

● **材料**　＊布の寸法は横×縦。

本体用　綿ローン（赤の細かいギンガムチェック）
　…S：6cm×5cm／M・L：8cm×6cm
縁用　綿ローン（赤）…S：6cm×3cm／M・L：8cm×3cm
接着芯：7cm×5cm
幅0.4cmのサテンリボン（赤）…12cm

● **作り方**

1　本体用の布に縁用の布を縫いつける

①本体用の布の裏側に、接着芯を貼る。

②❶の下端を0.5cm、裏側に折る。

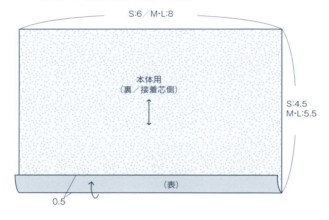

③縁用の布を半分に折り、❷の裏側に図のように合わせて縫う。

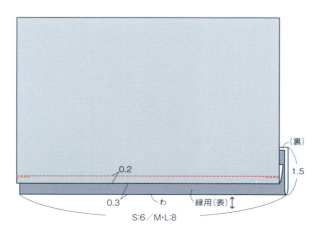

2　型紙を写して縫う

①1を中表に半分に折り、型紙を当ててでき上がり線を写して縫う。

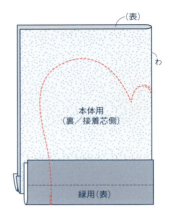

②❶の縫い目より0.5cm外側をカットし、凹み部分に切り込みを入れる。

③表に返して形を整える。リボンを蝶結びにし、好みの位置に縫いつける。

HOW TO MAKE

p.09
Lace Stand-Up Collar Blouse
（レースカラーブラウス）

実物大型紙
　S・M・L：p.86
前身ごろ／後ろ身ごろ／袖／カフス

● **材料**　＊布の寸法は横×縦。

コットンボイル（白）…
　S：25cm×10cm／M・L：30cm×12cm
幅1.4cmのフリルレース（白）…
　S：14cm／M・L：15cm
直径5mmのスナップボタン…2組

● **作り方**

1　コットンボイルの裏側に型紙を当て、前身ごろ1枚、後ろ身ごろ対称に各1枚、袖2枚、カフス2枚を裁つ。まわりにはほつれ止めの処理をする。

2　**前身ごろと後ろ身ごろを縫い合わせる**

①p.36、37「えりをつける」の5、6と同様に、前身ごろと後ろ身ごろの肩を縫い合わせる。

②前・後ろ身ごろの表側のえりぐりに、フリルレースを中表にのせて縫う。

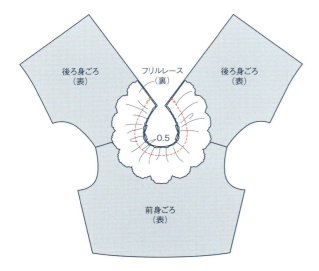

③p.36、37「えりをつける」の10、11と同様に、縫い代に切り込みを入れて前・後ろ身ごろの裏側に倒す。

④後ろ身ごろの後ろあきの縫い代を裏側に折り、えりぐりの端を縫う。

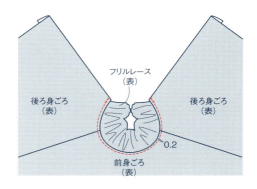

3　p.38「袖をつける」、p.39「脇を縫う」と同様に、袖をつけて脇を縫う。

4　**裾を縫って仕上げる**

①前・後ろ身ごろの裾の縫い代を裏側に折り、端を縫う。

②p.41「身ごろにスカートをつける」の7と同様に、後ろ身ごろにスナップボタンを縫いつける。

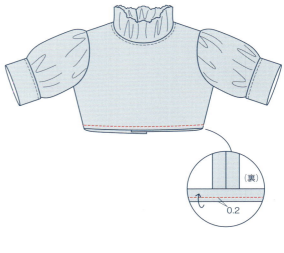

p.09
Fancy Stick Pony
（スティックポニー）

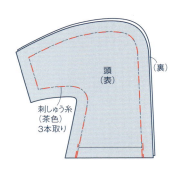

実物大型紙　p.85
　頭／耳

● **材料**　*布の寸法は横×縦。

デニム地（水色）…20cm×10cm
幅3.5cmのはしごレース（白）…10cm
幅1.5cmのトーションレース（白）…10cm
幅0.5cmのサテンリボン…10cm
幅１cmのワイヤーリボン（白）…40cm
幅0.3cmの革ひも（ピンク）…Ａ７cm／Ｂ４cm／Ｃ28cm
花のモチーフレース４枚（白）…好みのサイズを４枚
リボンパーツ（白）…好みのもの２個
フラワーパーツ（ピンク）…好みのものを１個
直径0.6cmのボタン（ベージュ）…２個
直径0.6cmのボタン（青）…４個
直径0.5cmの刺し目（黒）…２個
25番刺しゅう糸（茶色／水色）…各適量
ウーリー糸（水色）…適量
６号編み棒（木製／玉つき）…１本
アクリル絵の具（白）…適量
化繊綿…適量
厚紙…4cm角

● **作り方**

1　**型紙を写して縫う**

①デニム地を外表に半分に折り、型紙を当てて頭と耳を写す。

②頭のでき上がり線を、図のように縫う。

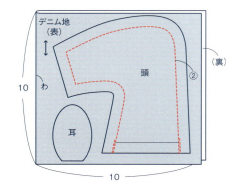

③頭と耳を裁ち、まわりにほつれ止めの処理をする。

④頭の❷の縫い目の上を、刺しゅう糸（茶色）６本取りで粗めに並縫いする。

2　**タッセルを作る**

①厚紙に刺しゅう糸（水色）を10回巻く。

②厚紙から外し、中央にウーリー糸をきつく巻いて切る。上下の輪をカットする。

③❷で巻いた糸から半分に折り、上から0.5cmの位置にウーリー糸をきつく巻いて切る。タッセルができる。これを全部で12個作る。

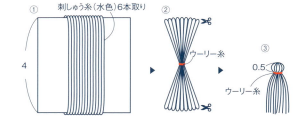

3　**耳と飾りをつけて仕上げる**

①下のあき口から化繊綿を入れる。アクリル絵の具を塗った編み棒を差し込み、あき口の縫い代の内側に手芸用ボンドをつけてとめる。

②耳を外表に半分に折り、頭の好みの位置に合わせ、ボタン（ベージュ）で縫いとめる。頭の反対側の面の同じ位置に、同様に耳をつける。

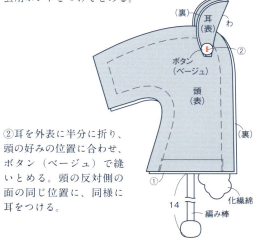

How to Make

③はしごレースにサテンリボンを通し（p.35「レースにリボンを通す場合」参照）、頭の下側に巻いて手芸用ボンドで貼る。両端の余分は、裏側に折り込む。

④❸の上に、下端を少しずらしてトーションレースを手芸用ボンドで貼る。両端の余分は、裏側に折り込む。

⑦革ひもAを図のように1周巻きつけ、端を重ねて手芸用ボンドでつける。革ひもCの端を革ひもAにボンドでつける。革ひもBを上側に渡し、革ひもCにボンドでつける。革ひもCの反対側の端に、同様に革ひもAとBを手芸用ボンドでつける。

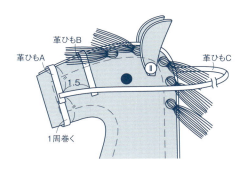

⑧革ひもCの革ひもAとBをつけた部分に、ボタン（青）をつける。

⑨ワイヤーリボンを蝶結びにし、結び目にフラワーパーツを手芸用ボンドでつける。頭の片側の面の好みの位置に、手芸用ボンドでつけ、ワイヤーリボンにカーブをつけて形を整える。

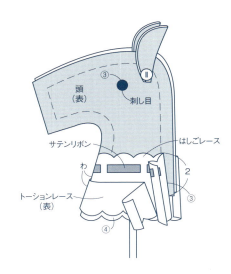

⑤タッセルを頭の上に2個、首部分に4個縫いつける。反対側の面にも、同様に縫いつける。

⑥モチーフレース2枚とリボンパーツを、好みの位置に手芸用ボンドでつける。反対側の面にも、同様につける。

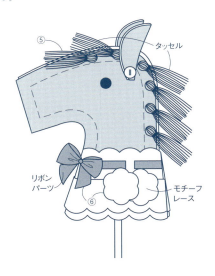

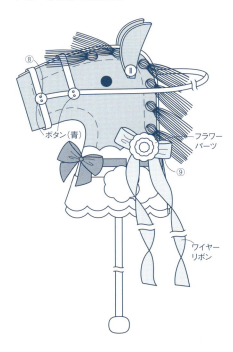

p.15

Panel Line Dress
(パネルラインドレス)

実物大型紙
　S・M・L：p.89
身ごろ／前サイド／後ろサイド

● **材料**　＊布の寸法は横×縦。

綿ローン（花柄）…
　S：20cm×20cm／M：30cm×30cm／L：35cm×35cm
接着芯…S・M・L共通：10cm×10cm
直径0.5cmのスナップボタン…2組

● **作り方**

1. 綿ローンの裏側に型紙を当て、身ごろ1枚、前サイド2枚、後ろサイド2枚を裁つ。まわりにほつれ止めの処理をする。

2. **身ごろと前・後ろサイドを縫い合わせる**

　①身ごろの前側と前サイド1枚を中表に合わせて縫う。

　②❶のカーブの部分の縫い代に切り込みを入れる。

　③身ごろの後ろ側と後ろサイド1枚を中表に合わせて縫う。

　④❸のカーブの部分の縫い代に切り込みを入れる。

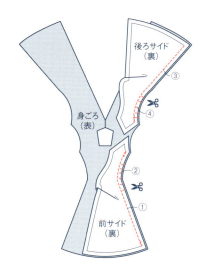

⑤❶～❹と同様に、身ごろにもう1枚の前サイドと後ろサイドを縫い合わせる。

⑥縫い代をそれぞれ身ごろ側に倒す。

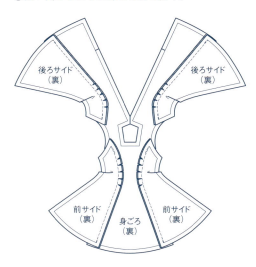

3. **見返しをつける**

①身ごろの表側と接着芯ののりのついていない面を合わせ、えりぐりを縫う。

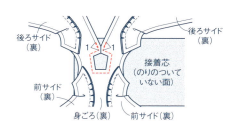

②接着芯を図のようにカットし、角に切り込みを入れる。

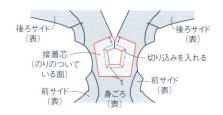

③接着芯を身ごろの裏側に折り込み、アイロンで接着する。このとき表側から接着芯が見えないよう、0.1cmほど控えて折り込むとよい。

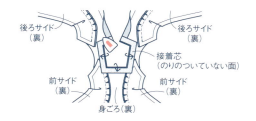

How to Make

④接着芯の残りを半分にカットし、❶と同じ要領で袖ぐりに合わせてそれぞれ縫う。

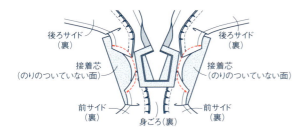

⑤接着芯を図のようにカットし、切り込みを入れる。

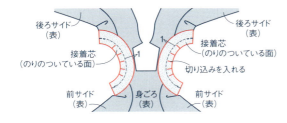

⑥接着芯を身ごろの裏側に折り込み、❸と同じ要領で接着する。

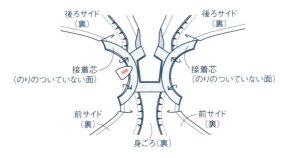

4 仕上げる

①身ごろの後ろ側を中表に合わせ、あき止まりまで縫う。縫い代を割る。

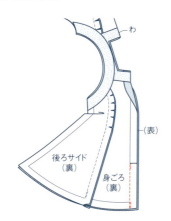

②衿ぐりと身ごろのあき止まりまでの端を続けて縫う。袖ぐりの端も、それぞれ縫う。

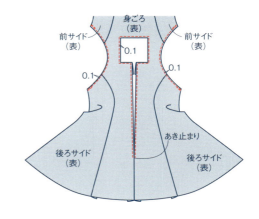

③前サイドと後ろサイドを中表に合わせ、それぞれ脇を縫う。

④❸のカーブの部分の縫い代に切り込みを入れる。縫い代を割る。

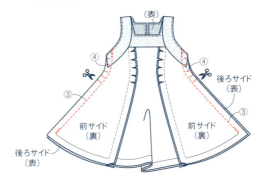

⑤裾の縫い代を裏側に折り、1周縫う。

⑥後ろあきの部分に、図のようにスナップボタンを縫いつける。スナップボタンの位置は、ドールに着せて確認してから決めるとよい。

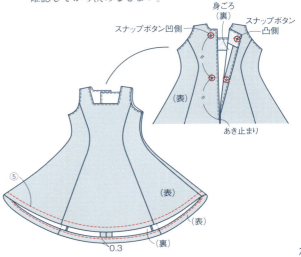

p.17
Decorative Black Dress
（ブラックドレス）

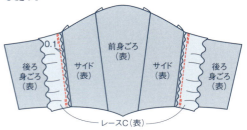

実物大型紙
　S・M・L：p.85
前身ごろ／後ろ身ごろ／サイド／裏布

● **材料**　＊布の寸法は横×縦。

ジャカード（黒）
　…S：18cm×5cm／M：20cm×7cm／L：22cm×8cm
綿ローン（黒）…S：12cm×5cm／M・L：14cm×7cm
レース地（黒）
　…S：16cm×7cmを2枚／M：21cm×9.5cmを2枚／
　　L：24cm×11.5cmを2枚
レース
　A 幅0.7cmのモチーフレーステープ（黒）
　　…S：12cm／M・L：16cm
　B 幅1.5cmのフリルレース（白）
　　…S：4cm／M・L：6cm
　C 幅1.3cmのフリルレース（黒）…S：5cm／M・L：6cm
　D トーションレース（ラメステッチ入り／黒）
　　…S：幅2cm×20cm／M・L：幅3cm×24cm
　E トーションレース（黒）
　　…S：幅4cm×20cm／M・L：幅6cm×24cm
幅1.7cmのレースリボン（黒）…7cmを4本
幅0.2cmのサテンリボン（黒）…15cmを4本
直径役1.6mmの花形スパンコール…4個
立体モチーフのレース地（p.35参照／モチーフ1列分
　カットしたもの／黒）…S：32cm／M：42cm／L：48cm
直径0.5cmのスナップボタン…2組

● **作り方**

1　ジャカードの裏側に型紙を当て、前身ごろ1枚、後ろ
　身ごろ2枚、サイド2枚を裁つ。綿ローンの裏側に型
　紙を当て、裏布を1枚裁つ。まわりにほつれ止めの処
　理をする。

2　**身ごろを作る**
　①p.45「ビスチェを作る」の1〜4と同様に作業する。

②左・右後ろ身ごろに、それぞれレースCをのせて端
を縫う。

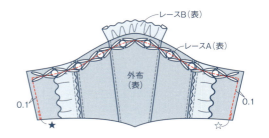

③p.45、46「ビスチェを作る」の6〜8と同様に作業
する。

④上側のカーブに添ってレースAをのせ、★から☆ま
で縫う。上側のカーブは、レースAの中央を縫う。

3　**チュチュ部分を作る**

①p.46「チュチュをつける」の1と同様に、レース地
の上端をそれぞれギャザー用に縫う。

②それぞれの左右の端を裏側に1cmずつ折る。p.46、
47「チュチュをつける」の3、4と同じ要領で、中央
から左右に1枚ずつ身ごろに重ねて縫う。

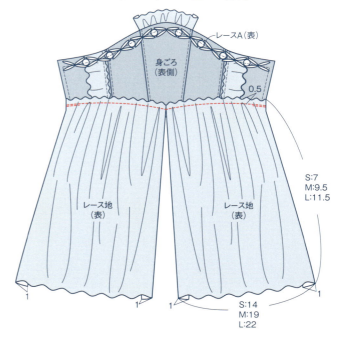

HOW TO MAKE

③レースEの上にレースDを重ね、上端をギャザー用に縫う。

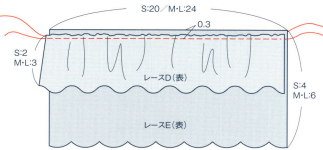

④❷と同じ要領で、レース地の上にそれぞれ縫う。

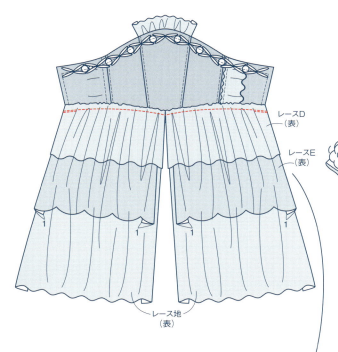

⑤レース地の左右の端を中表に合わせ、下端からあき止まりまで縫う。

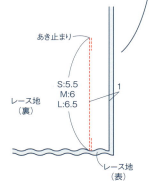

4 飾りをつけて仕上げる

①レースリボンを折って中央に糸を巻いて絞る。その上に蝶結びにしたサテンリボンと花形スパンコールをのせて、好みの位置に4か所縫いつける。

②レース地の裾に、立体モチーフのレース地を1cm重ねて縫いつける。

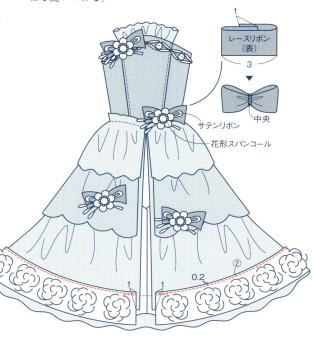

③p.46、47「チュチュをつける」の10と同様に、スナップボタンを縫いつける。

p.17
Lace Maxi Skirt
（マキシスカート）

● **材料** ＊布の寸法は横×縦。

ジャカード（黒）…
　S：45cm×10cm／M：55cm×14cm／L：65cm×17cm
チュール（黒地に黒の水玉柄）…
　S：85cm×10cmを2枚／M：95cm×14cmを2枚／
　L：105cm×17cmを2枚
綿ローン（黒）…S・M・L共通：15cm×5cm
幅0.3cmの平ゴム…S・M・L共通：15cm

● **作り方**

1 ジャカードとチュールをギャザー用に縫う

①ジャカードのまわりにほつれ止めの処理をし、上端をギャザー用に縫う。

②ジャカードの下端を0.5cm裏側に折って縫う。

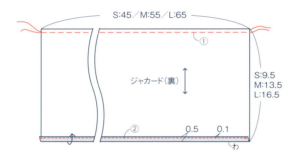

2 ベルトをつける

①綿ローンの左右の端を0.5cmずつ裏側に折って縫う。

②中央に折り筋をつけ、上下の端を0.5cmずつ裏側に折る。

③p.43、44「エプロン本体をつける」の5と同じ要領で、②を開いてチュールとジャカードを中表に合わせ、それぞれ綿ローンの幅に合うまで縮める。端から0.5cmの部分を縫う。

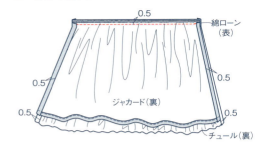

④綿ローンを、チュールとジャカードの端を包むように❷の折り筋に添って折り、端をまつり縫いする。

⑤綿ローンを図のように1本縫う。

⑥チュールを中表に合わせ、図のようにあき止まりまで縫う。ジャカードも、同様にあき止まりまで縫う。

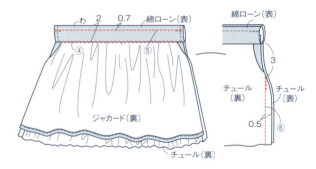

3 仕上げる

綿ローンの端からゴムを通し、ドールにはかせてちょうどよいサイズでカットする。ゴムの端どうしを1cm重ね、二重に縫いとめる。

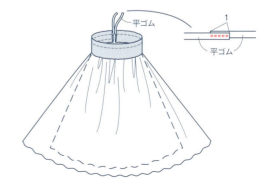

HOW TO MAKE

p.19
Sweet Lacy Nightie
（レースナイティ）

実物大型紙
　S・M・L：p.90、91
ヨーク／前身ごろ／後ろ身ごろ／
袖／カフス／えり／フリル／パンツ

● **材料** ＊布の寸法は横×縦。

コットンボイル（白）…
　S：40cm×20cm／M：50cm×22cm／L：55cm×25cm
幅1.2cmのトーションレース（白）
　胸元用…S：7cm／M・L：8cm
　裾用…S：24cm／M：28cm／L：32cm
　パンツ用…S：20cm／M：22cm／L：23cm
幅1.4cmのフリルレース（白）
　裾用…S：24cm／M：28cm／L：34cm
　パンツ用…S：20cm／M：22cm／L：23cm
幅1cmのはしごレース（白）
　裾用…S：24cm／M：28cm／L：34cm
　パンツ用…S：20cm／M：22cm／L：23cm
幅0.4cmのサテンリボン（ベージュ）
　裾用…S：24cm／M：28cm／L：34cm
　パンツ用…S：20cm／M：22cm／L：23cm
直径0.5cmのスナップボタン…2組
幅0.3cmの平ゴム…S・M・L共通：15cm

● **作り方**

1　コットンボイルの裏側にそれぞれの型紙を当て、ヨーク1枚、前身ごろ1枚、後ろ身ごろ対称に各1枚、袖2枚、カフス2枚、えり1枚、フリル1枚、パンツ2枚を裁つ。まわりにほつれ止めの処理をする。

〈上着〉

2　**前身ごろを作る**

①ヨークの表側にトーションレース・胸元用を中表に仮留めする。

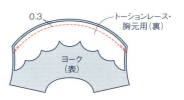

②前身ごろのカーブの辺を、ギャザー用に縫う。

③❶に❷を中表に合わせ、❷の左右の上糸を引いてヨークの幅に合わせて縮め、でき上がり線の上を縫う。

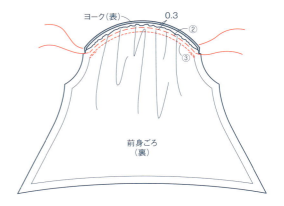

④縫い代をヨーク側に倒し、表側から図のように端を縫って押さえる。前身ごろができる。

2　p.36、37「えりをつける」の5、6と同じ要領で、前身ごろと後ろ身ごろの肩を縫い合わせる。縫い代は後ろ身ごろ側に倒す。

3 袖をつける

①袖の袖口の縫い代を、ギャザー用に縫う。

②p.38「袖をつける」の2〜6と同様に、袖にそれぞれカフスをつける。

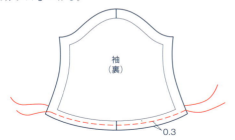

③前・後ろ身ごろの袖ぐりに、袖を中表に合わせて縫う。縫い代は身ごろ側に倒す。

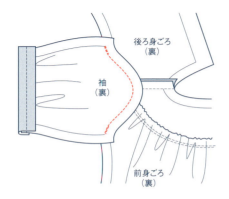

④p.39「脇を縫う」の1〜3と同様に、袖下と両脇を続けて縫う。縫い代は後ろ身ごろ側に倒す。

4 えりをつける

①前・後ろ身ごろのえりぐりに、えりを中表に合わせて縫う。えりの反対側の縫い代を、裏側に折る。

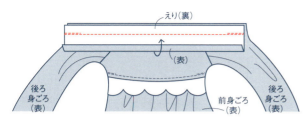

②えりを前・後ろ身ごろの裏側に折り込んでまつり縫いする。

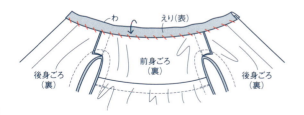

5 裾にレースとフリルをつける

①p.40「フリルをつける」の1〜3と同様にフリルを縫う。

②前・後ろ身ごろの裾の表側に、トーションレース・裾用と、フリルレース・裾用をのせて縫う。

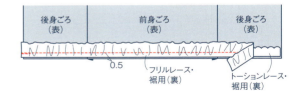

③❷の上にフリルを中表に合わせ、前・後ろ身ごろの幅に合わせて左右に上糸を引いて縮め、でき上がり線の上を縫う。

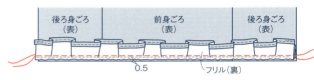

④❸を開き、縫い代を前・後ろ身ごろ側に倒して端を縫う。

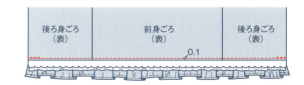

⑤はしごレース・裾用にリボン・裾用を通す（p.35「レースにリボンを通す場合」参照）。前・後ろ身ごろの裾に、はしごレースの下端を合わせてのせ、縫う。

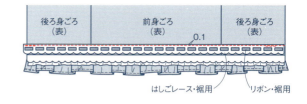

How to Make

6 仕上げる

①後ろ身ごろの縫い代を裏側に三つ折りし、端を縫う。えり、レースとフリルの部分が厚くて縫えない場合は、その部分だけまつり縫いする。

②後ろ身ごろに、スナップボタンをつける。スナップボタンの位置は、ドールに着せて確認してから決めるとよい。上着のでき上がり。

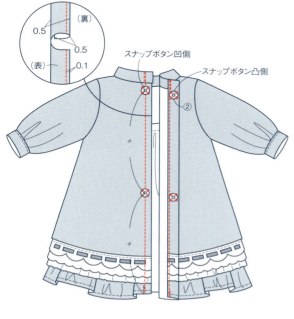

〈パンツ〉

7 パンツにレースをつける

①パンツの裾の表側に、トーションレース・パンツ用と、フリルレース・パンツ用をのせて縫う。

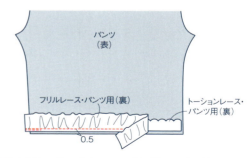

②①を開き、縫い代をパンツ側に倒して端を縫う。

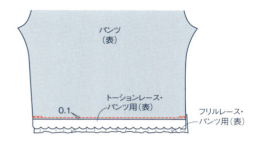

③はしごレース・パンツ用にリボン・パンツ用を通す。パンツの裾から0.5cmの部分に合わせてのせ、端を縫う。

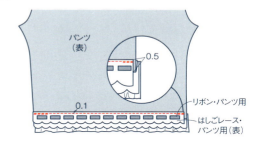

8 p.49「White Drawers」の6〜11と同様に作業する。パンツのでき上がり。

p.19
Night Cap
（ナイトキャップ）

※S：リカちゃん、ジェニー用、
　M：ミディブライス用、
　L：ネオブライス用です。

● **材料**　＊布の寸法は横×縦。

コットンボイル（白）…
　S：直径12cmの円／M：直径20cmの円／L：直径24cmの円
幅1.4cmのフリルレース（白）…
　S：48cm／M：72cm／L：88cm
幅0.3cmの平ゴム…S：11cm／M：20cm／L：26cm
モチーフレース（好みのもの）…1枚
幅0.4cmのサテンリボン（ベージュ）…10cm

● **作り方**

1　コットンボイルのまわりにほつれ止めの処理をする。

2　フリルレースをつける

①ナイトキャップの表側の端を1周、ギャザー用に縫う。

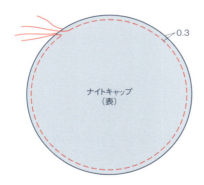

②上糸を左右に引いて縮めながら、縫い代を裏側に1.5cm折る。ゴム通し口を1.5cmあけて1cm内側を縫う。

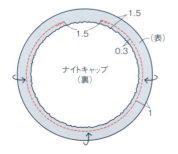

③ナイトキャップの表側の端に、フリルレースをのせて縫う。フリルレースのつけ始めと終わりは、1cm重ねる。

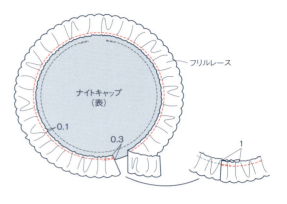

3　仕上げる

①ゴム通し口からゴムを通し、ゴムの端どうしを1cm重ね、二重に縫いとめる。

②リボンを蝶結びする。モチーフレースとリボンを、好みの位置に縫いつける。

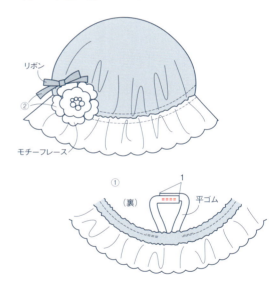

HOW TO MAKE

p.21
Paper Bag
（紙袋）

● **材料**　＊布の寸法は横×縦。

紙（好みの色柄のもの）…13cm×6.5cm
幅0.5cmのリボン（好みの色）…20cmを2本

● **作り方**

1　紙に図のように折り筋をつける。

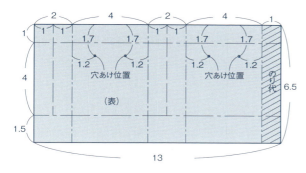

2　**貼り合わせて袋にする**

①上端を折り筋に合わせて裏側に折り、のりで貼る。

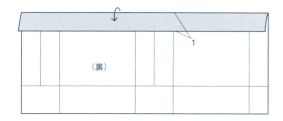

②穴開け位置に、パンチで穴をあける。

③縦の折り筋に合わせて折り、のり代にのりをつけて筒状に貼り合わせる。

④下端を折り筋に合わせて左右、下、上の順に折り、のりで貼る。

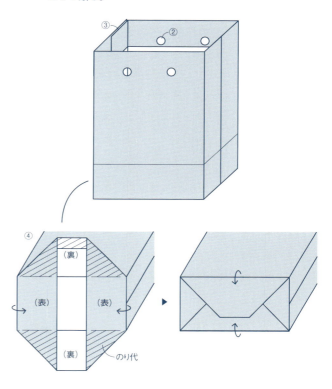

3　穴にリボンを通し、それぞれ蝶結びする。

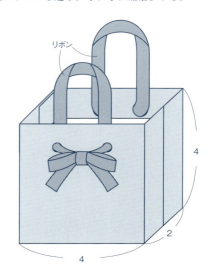

p.21
Romantic Wool Loop Coat
（ウールコート）

実物大型紙
　S・M・L：p.92
　前身ごろ／後ろ身ごろ／袖／えり

● **材料**　＊布の寸法は横×縦。

ループヤーン（ピンク）…
　S：38cm×15cm／M：46cm×18cm／L：50cm×20cm
レース地（白）…
　S：35cm×12cm／M：40cm×15cm／L：40cm×20cm
接着芯…S：7cm×3cmを2枚／M・L：8cm×3cmを2枚
直径0.5cmのスナップボタン…2組

● **作り方**

1　布を裁つ

①ループヤーンの裏側に型紙を当て、前身ごろを対称に各1枚、後ろ身ごろ1枚、袖を対称に各1枚、えり1枚を裁つ。こちらが外布になる。

②レース地の裏側に型紙を当て、前身ごろを対称に各1枚、後ろ身ごろ1枚、えり1枚を裁つ。こちらが内布になる。

2　袖に見返しをつける

①袖の表側と接着芯ののりのついていない面を合わせ、袖口のでき上がり線を縫い代の上まで縫う。

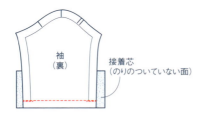

②接着芯を図のサイズにカットする。

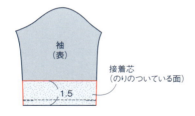

③接着芯を袖の裏側に折り込み、アイロンで接着する。このとき表側から接着芯が見えないよう、0.1cmほど控えて折り込むとよい。

3　外布を縫い合わせる

①外布・後ろ身ごろと外布・前身ごろを中表に合わせ、肩を縫い合わせる。縫い代を割る。

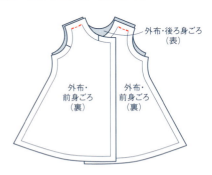

②❶の袖ぐりに袖を中表に合わせ、合印を合わせて縫う。

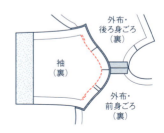

③p.39「脇を縫う」の1〜3と同様に、袖下と前・後ろ身ごろの脇を続けて縫う。縫い代のカーブ部分に切り込みを入れてから割る。外布・本体ができる。

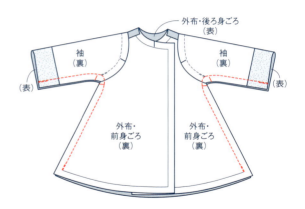

4 内布を縫い合わせる

①3の❶と同様に、内布・後ろ身ごろと内布・前身ごろの肩を縫い合わせる。

②前・後ろ身ごろの脇を縫い合わせる。縫い代のカーブ部分に切り込みを入れてから割る。内布・本体ができる。

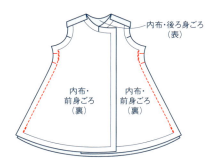

5 えりをつけ、本体を縫い合わせて仕上げる

①外布・えりと内布・えりを中表に合わせて縫う。

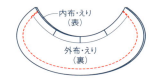

②表に返し、形を整える。

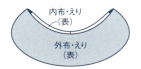

③外布・本体の表側のえりぐりに、内布・えりを合わせてのせて仮留めする。

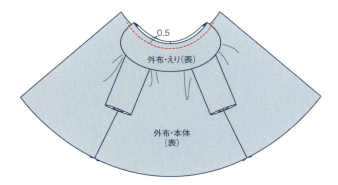

④外布・本体と内布・本体を中表に合わせ、図のようにえりぐり部分を返し口にあけて周囲を縫う。

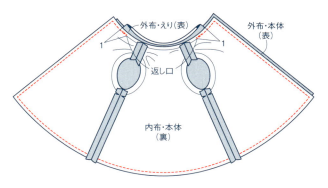

⑤返し口から表に返し、返し口をまつる。

⑥内布・本体の袖ぐりの縫い代を裏側に折り、外布・本体の袖ぐりにまつる。

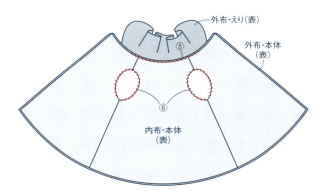

⑦前身ごろにそれぞれスナップボタンをつける。スナップボタンの位置は、ドールに着せて確認してから決めるとよい。

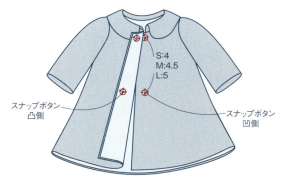

p.23
Classical Off Shoulder Dress
（オフショルダードレス）

実物大型紙
　S・M・L：p.93
　前身ごろ／後ろ身ごろ／袖／スカート

● **材料**　＊布の寸法は横×縦。

スムースニット（黒）…
　S：15cm×10cm／M・L：16cm×13cm
メモリータフタ（黒）…
　S：23cm×8cm／M：30cm×10cm／L：33cm×11cm
フェイクファー（黒）
　袖用…S：5cm×3cmを2枚／M・L：6cm×3cmを2枚
　裾用…S：22cm×3cm／M：30cm×3cm／L：32cm×3cm
幅1cmのはしごレース（黒）…S：15cm／M・L：18cm
幅0.2cmのサテンリボン（ピンク）…
　S：35cm／M・L：40cm
直径0.5cmのスナップボタン…2組
幅0.5cmの両面テープ（あれば）

● **作り方**

1　スムースニットの裏側に型紙を当て、前身ごろを1枚　後ろ身ごろを対称に各1枚、袖2枚を裁つ。メモリータフタの裏側に型紙を当て、スカート1枚を裁つ。まわりにほつれ止めの処理をする。

2　**袖にフェイクファーをつける**
①袖とフェイクファー・袖用を中表に合わせ、袖口を縫い代の上まで縫う。

②❶を開き、縫い代をフェイクファー側に倒す。

3　**前・後ろ身ごろと袖を縫い合わせる**
①前身ごろと袖を中表に合わせ、袖ぐりを縫う。縫い代を割る。

②❶と後ろ身ごろ1枚を中表に合わせ、袖ぐりを縫う。縫い代を割る。

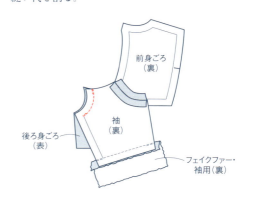

③❶、❷と同様に、もう1枚の袖と後ろ身頃を縫い合わせる。

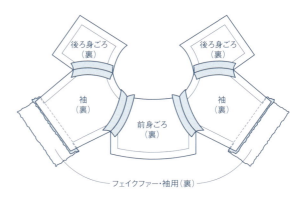

How to Make

④ ❸のえりぐりの表側に、はしごレースを重ね、端を縫う。

⑤ はしごレースの後ろ身ごろの端からリボンを通し（p.35「レースにリボンを通す場合」参照）、余分をカットする。

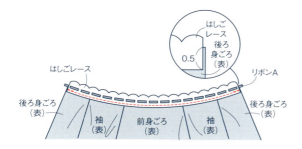

⑥ p.39「脇を縫う」の1〜3と同様に、袖下と前・後ろ身ごろの脇を続けて縫う。縫い代を割る。

⑦ 袖口のフェイクファーを袖の裏側に折り込み、端を縫い目（★）に合わせて両面テープで貼る。両面テープがない場合は、まつり縫いする。

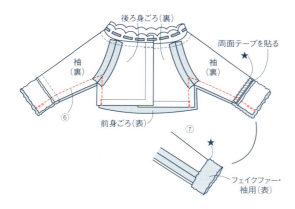

4 スカートを縫いつけて仕上げる

① スカートの下端にフェイクファー・裾用を中表に合わせて縫う。

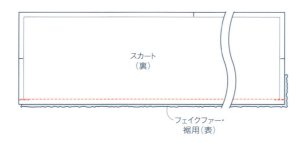

② ❶を開き、縫い代をフェイクファー側に倒す。

③ p.41「身ごろにスカートをつける」の1、2と同様に、前・後ろ身ごろとスカートを縫い合わせる。

④ スカートを中表に合わせ、あき止まりからフェイクファーの端まで縫う。

⑤ p.41「身ごろにスカートをつける」の5、6と同様に、縫い代を割って縫う。

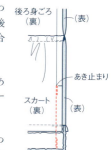

⑥ 後ろ身ごろのはしごレースの下と、身ごろとスカートのはぎ目の下に、それぞれスナップボタンをつける。スナップボタンの位置は、ドールに着せて確認してから決めるとよい。

⑦ フェイクファー・裾用を裏側に折り込み、端を❶の縫い目に合わせて両面テープで貼る。両面テープがない場合は、まつり縫いする。

⑧ リボンの残りを半分にカットし、それぞれ蝶結びをして肩部分のリボンの上に縫いつける。

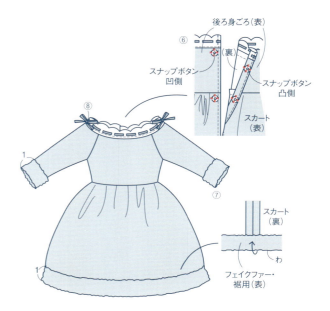

p.23

Knee High Socks
（ニーハイソックス／ホワイト）

実物大型紙
　S・M・L：p.93

● 材料　＊布の寸法は横×縦。

ニット地（白）…
　S：12cm×10cm／M：14cm×12cm／L：14cm×14cm
幅1.6cmのフリルレース（白）…
　S：10cm／M・L：12cm
厚紙…型紙が収まるサイズ

● 作り方

1　p.50「Knee High Socks」と同様に、型紙を用意する。

2　ニット地の表側の上端にフリルレースを重ね、端を縫う。

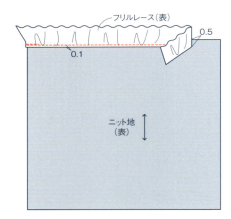

3　p.50「Knee High Socks」の2〜8と同様に縫う。

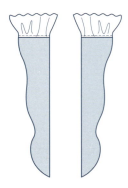

p.25

Corsage
（コサージュ）

● 材料　＊布の寸法は横×縦。

リボン
　A　幅1.5cmのサテンリボン（赤）…7cm
　B　幅0.4cmのベルベットリボン（赤）…12cm
　C　幅0.3cmのサテンリボン（白に銀の縁）…10cm
モチーフレース（白）…2cm×1cm
直径約1.5cmの造花（白／葉のついたもの）…1個
ブローチピン…1個

● 作り方

1　ベースを作る

①リボンAを図のように折って重ね、中央をぐし縫いする。

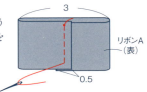

②糸を絞って縮め、中央にモチーフレースを縫いつける。こちらが裏側になる。

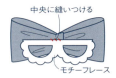

2　飾りをつけて仕上げる

①ベースを表に返し、中央にボンドで造花をつける。

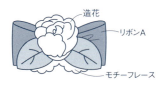

②リボンBとCをそれぞれ蝶結びにし、❶の上に重ねて縫いつける。縫いにくければ、ボンドでつけてもよい。

③裏側にブローチピンをつけるか、ドレスの好みの位置に縫いつける。

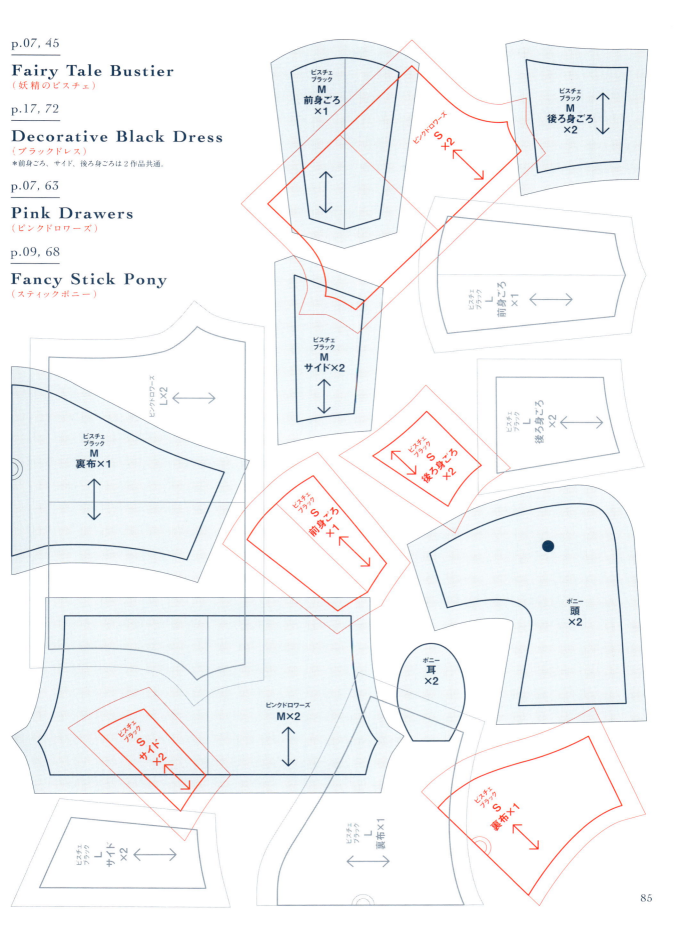

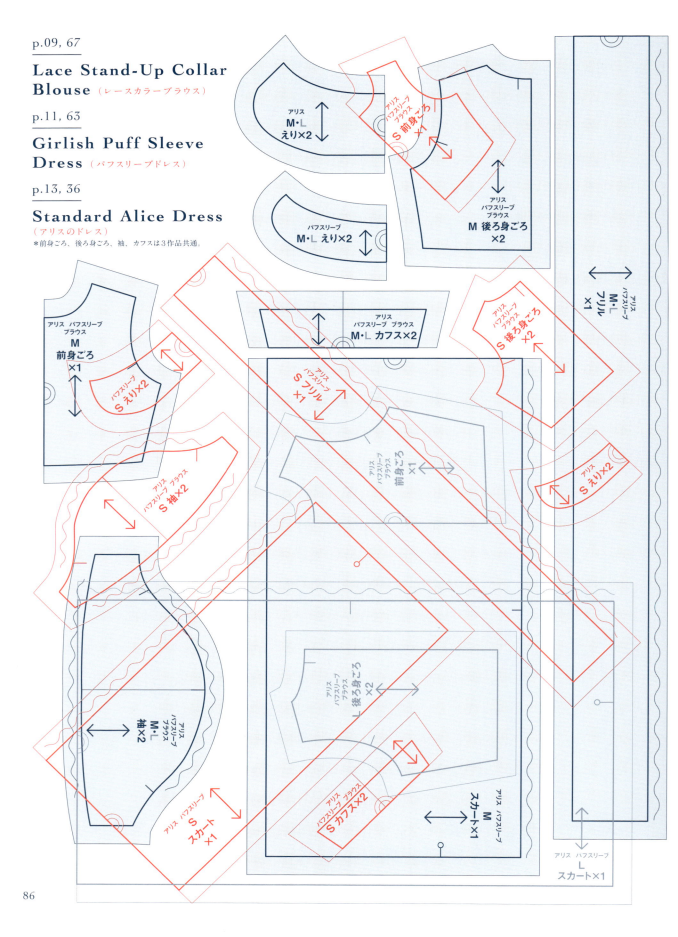

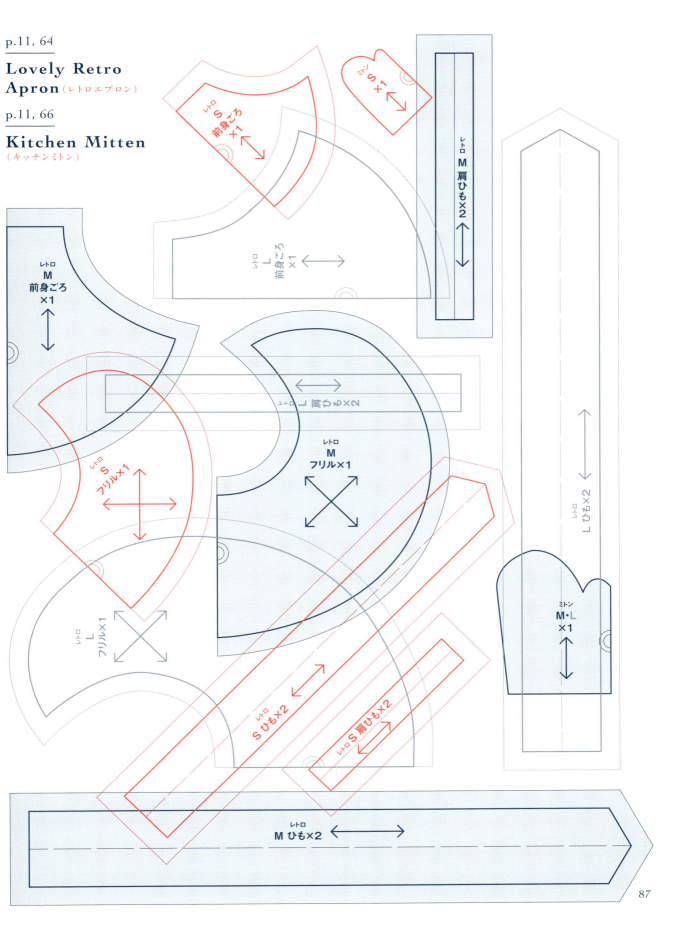

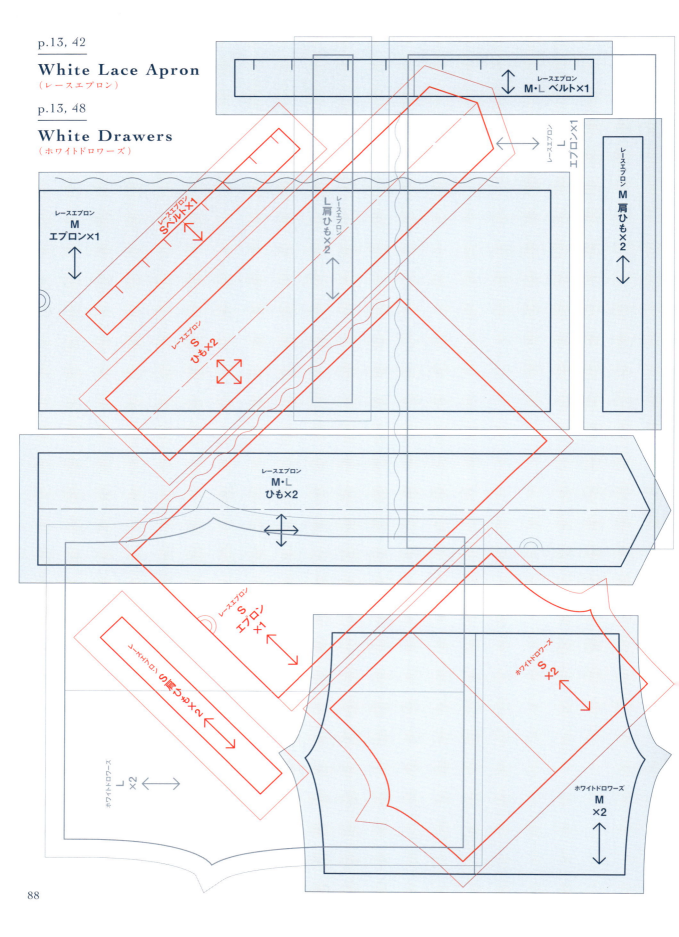

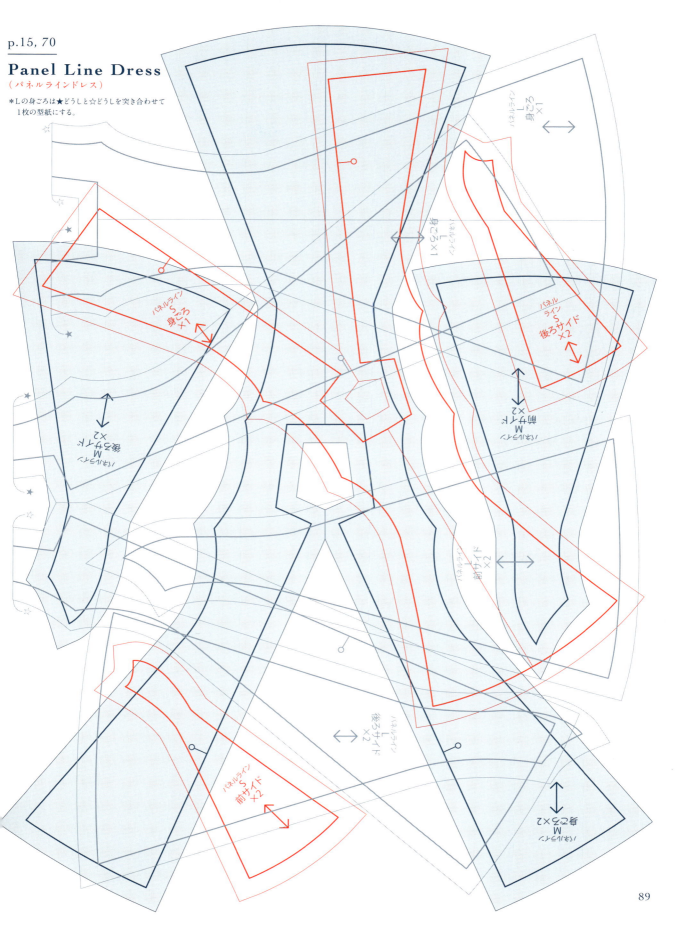

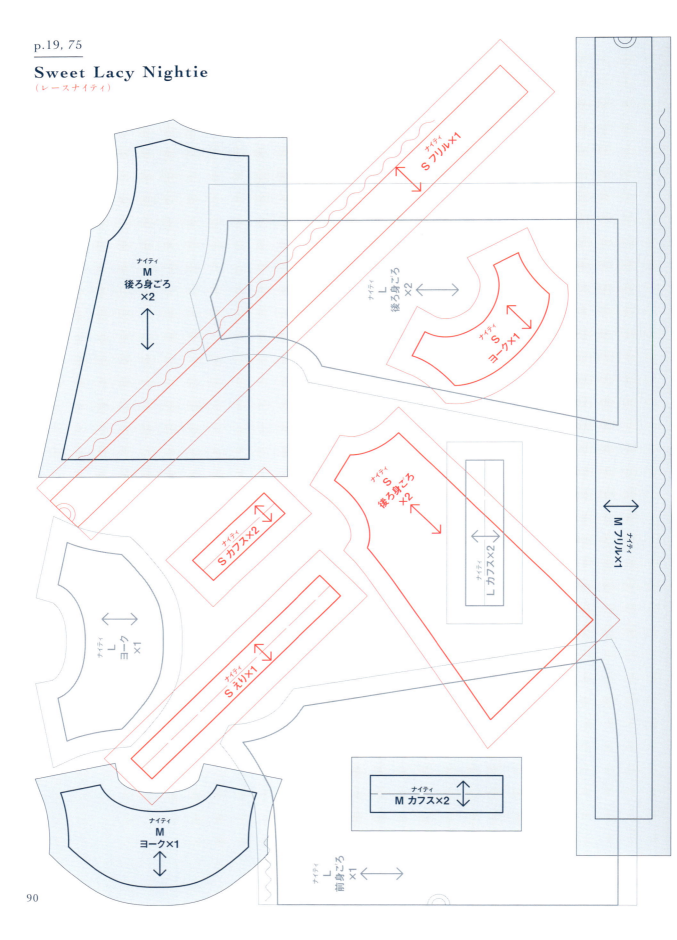

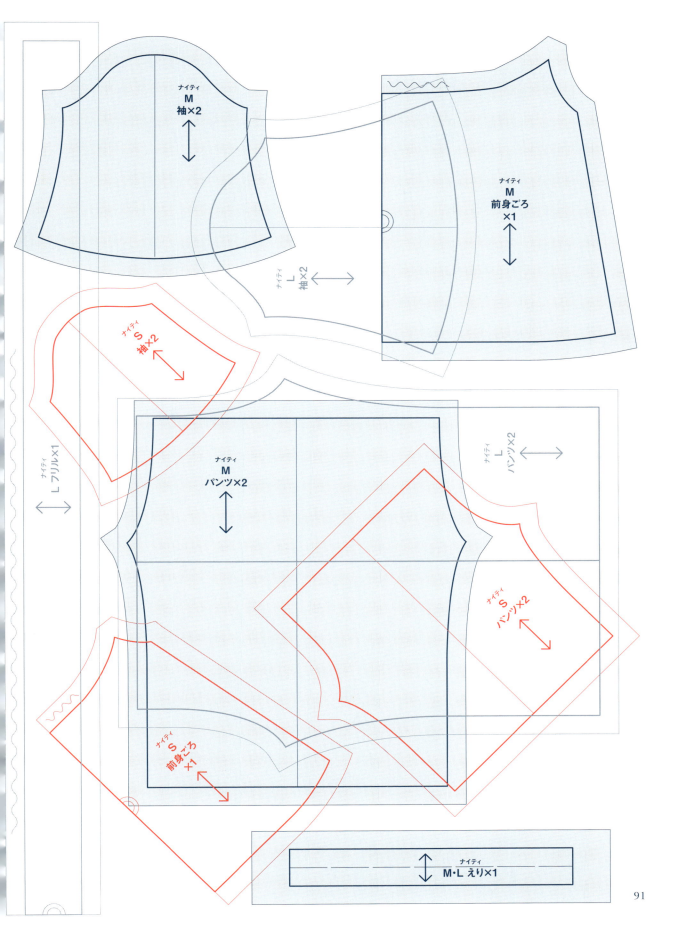

Romantic Wool Loop Coat
(ウールコート)

p.21, 80

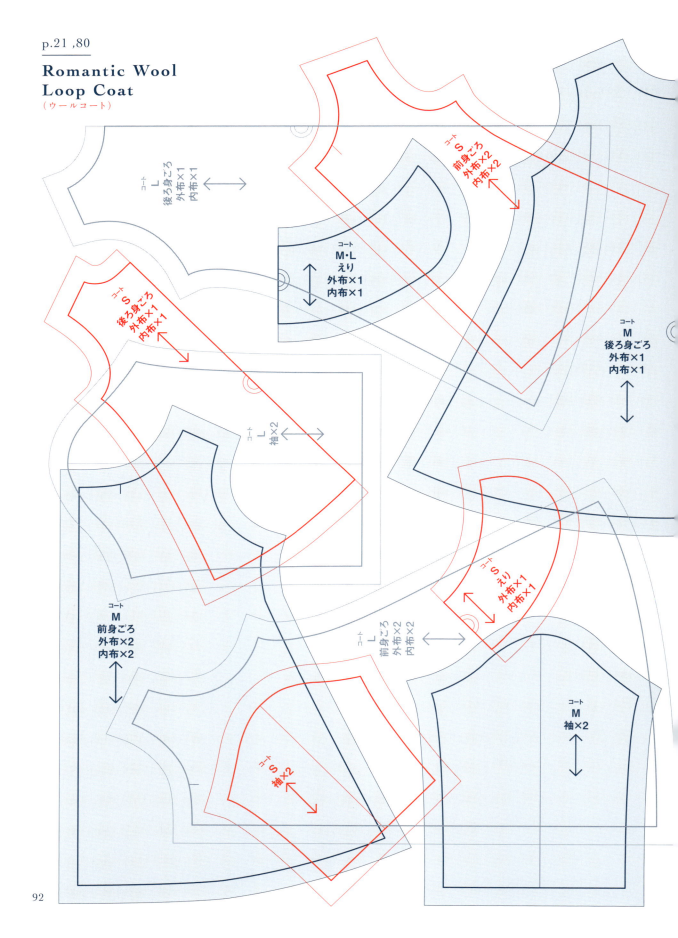

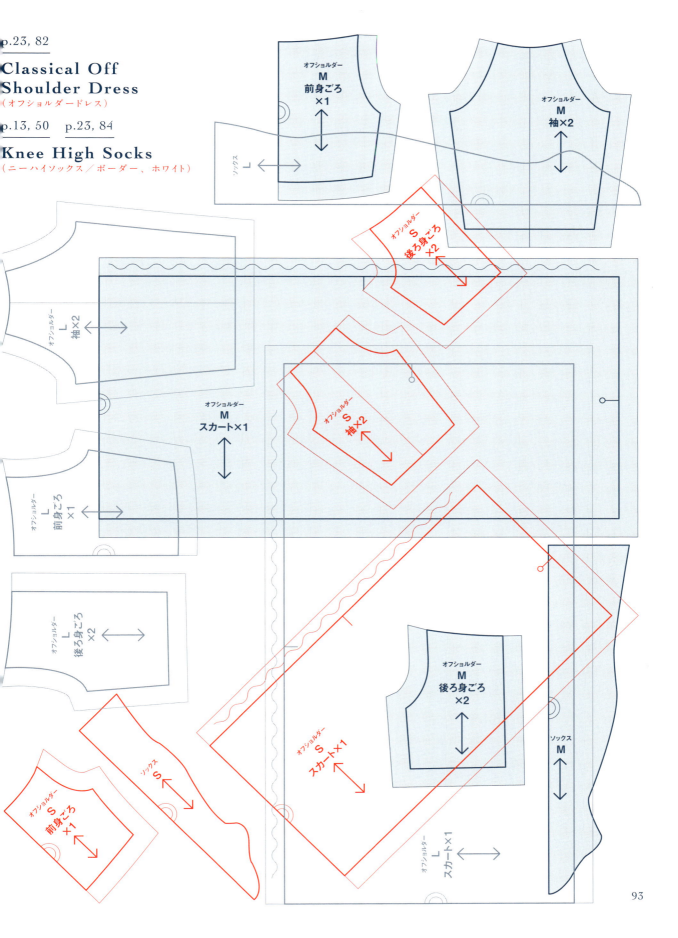

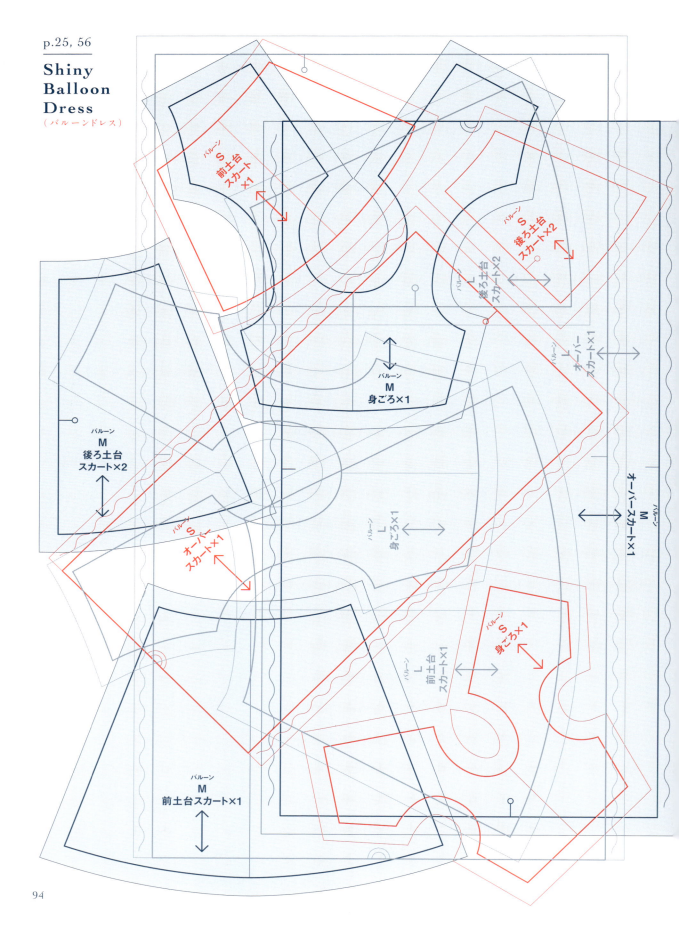

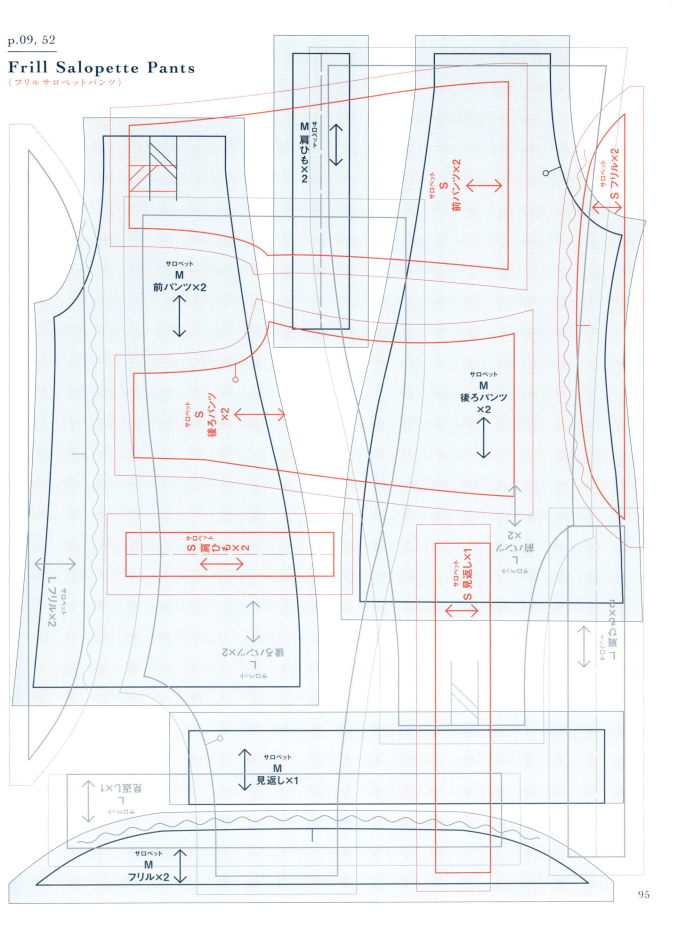

F4*gi（ふしぎ）

「Fantastic（夢のよう）」「Fascinating（うっとり魅力的）」「Fabulous（素敵）」なものづくりで夢の世界を表現することの楽しさや素晴らしさを、いろいろな世代の方に様々な形で発信シェアして社会貢献していきたいという"強い思い"をベースに、世代やジャンルを超えて集まった「February（2月生まれ）」の、プロフェッショナルなクリエイティブチーム。

クライ・ムキ
（倉井美由紀）feb.11

誰でも簡単にできるソーイングを提唱。アトリエでのソーイング教室主宰のほか、100冊以上に及ぶ単行本の出版、ミシンやソーインググッズのプロデュース、セミナーなど活躍の幅は多岐に渡る。日本のハンドメイド界を牽引するパイオニア。
http://www.kurai-muki.com

erieri
（畑中江里）feb.26

ハンドメイド、料理、写真、ライフスタイル、etc…。生み出される上品で優しい雰囲気は自身そのもの。プロデュースするフォトセッションやグッズ販売の人気も非常に高く、webデザイナーの傍ら365日幸せをクリエイトしている。
http://www.eris-style.com

kei
（遠藤恵子）feb.18

服飾学校卒業後、オートクチュールの世界で実績を積み、フリーのパタンナーとして活躍。婦人服、子供服、犬の服、ドール服などジャンルを問わず、オーダーメイド服の製作も手掛ける。特にフリルを施した大人可愛い作風は、乙女心をつかんで離さない。
http://instagram.com/kei_petits_pois

Saori
（花森さおり）feb.19

Time for Princess（jewelry&apparel）主宰。品格と自由な心を併せ持つ独特のプリンセスマインドから生み出される、エレガントで可愛らしい世界観、紡ぎ出される癒しの言葉の数々やライフスタイルに多くのファンを持つモノづくり家。
http://www.saorihanamori.com

作品デザイン・制作	F4*gi	取材協力
制作協力	倉井美世波、大坂香苗	相原リーナ
撮影	その江（ライトイングス）	Abi Monroe of Florence & Taylor
	天野憲仁（日本文芸社）	momokoのお部屋
スタイリング	山崎ゆみ、木村柚紀子	らんらんのちっちゃ可愛い雑貨店
デザイン	三上祥子（Vaa）	NOIX
トレース	八文字則子	
プロフィールイラスト	風森美絵	撮影協力
編集協力、作り方解説	海老原順子	trois3
		埼玉県比企郡滑川町山田2183
		080-2333-0965　http://trois333.jp/
		クライ・ムキ株式会社
		東京都渋谷区上原1-35-7
		03-5738-9155

うっとりするほどかわいいドール服（ふく）のレシピ

DOLL OUTFIT STYLE
（ドール　アウトフィット　スタイル）

2018年2月10日　第1刷発行

著者　F4*gi（ふしぎ）
発行者　中村 誠
印刷所　図書印刷株式会社
製本所　図書印刷株式会社
発行所　株式会社 日本文芸社
〒101-8407　東京都千代田区神田神保町1-7
TEL 03-3294-8931（営業）　03-3294-8920（編集）
Printed in Japan　112180130-112180130 Ⓝ 01
ISBN978-4-537-21546-5
URL https://www.nihonbungeisha.co.jp/
©Muki Kurai/Eri Hatanaka/Keiko Endo/
Saori Hanamori　2018

編集担当　吉村

●印刷物のため、作品の色は実際と違って見えることがあります。ご了承ください。

●本書の一部または全部をホームページに掲載したり、本書に掲載された作品を複製して店頭やネットショップなどで無断で販売することは、著作権法で禁じられています。

●乱丁・落丁本などの不良品がありましたら、小社製作部宛にお送りください。送料小社負担にてお取りかえいたします。
法律で認められた場合を除いて、本書からの複写・転載（電子化を含む）は禁じられています。また、代行業者等の第三者による電子データ化および電子書籍化は、いかなる場合も認められていません。